Alexandre Assunção e Silva

# ACORDO DE NÃO PERSECUÇÃO PENAL

2ª edição, revista, aumentada e atualizada

# SUMÁRIO

NOTA À 2ª EDIÇÃO - 6

APRESENTAÇÃO - 7

INTRODUÇÃO - 8

1. *PLEA BARGAIN*

1.1 Conceito - 9

1.2 Generalidades - 10

1.3 Negociações - 16

1.4 Negativa de culpa - 17

1.5 *Plea of nolo contendere* - 18

1.6 Acordos de cooperação - 18


2. ACORDO DE NÃO PERSECUÇÃO PENAL

2.1 Liberdade *vs.* autoridade - 21

2.2 Acordo penal - 23

2.3 Acordo penal *vs.* garantismo - 25

2.4 Previsão legal - 29

2.5 Generalidades - 40

2.6 (Des)necessidade da confissão - 41

2.7 Declarações do investigado - 44

2.8 Acordo e transação penal - 47

2.9 Acordo e *sursis* processual - 49

2.10 Facultatividade do acordo - 52

2.11 Negociações - 53

2.12 Prestação de serviços à comunidade - 54

2.13 Reparação do dano - 55

2.14 Renúncia voluntária a bens e direitos - 57

2.15 Prestação pecuniária - 57

2.16 Cumulação de penas alternativas - 58

2.17 Concurso de crimes - 59

2.18 Violência contra mulher - 59


3. ASPECTOS PROCESSUAIS

3.1 Acordo durante a ação penal - 61

3. 2 Aplicação imediata - 65

3.3 Suspensão da prescrição - 66

3.4. Custas - 67

3.5 Recursos - 68

3.6 Acordo junto com a denúncia - 71

3.7 Homologação judicial - 72

3.8 Concurso de pessoas - 73

3.9 Danos morais - 75

3.10 Enunciados do CNPG/GNCCRIM - 77


4. INVALIDADE DO ACORDO DE NÃO PERSECUÇÃO PENAL

4.1. Nulidade do acordo de não persecução penal - 85

4.1.1 Atipicidade do fato - 87

4.1.2 Insignificância do delito - 88

4.1.3 Simulação - 89

4.1.4 Ausência de advogado - 91

4.1.5 Forma de alegar a nulidade - 91

4.2. Anulação do acordo de não persecução penal - 93

4.2.1 Vícios do consentimento - 94

4.2.2 Erro substancial - 96

4.2.3 Dolo - 98

4.2.4 Coação - 99

4.2.5 Estado de perigo - 101

4.2.6 Lesão - 101

4.2.7 Momento para requerer a anulação - 102


5. CRIMES EM ESPÉCIE

5.1 Sonegação fiscal - 105

5.2 Descaminho - 109

5.3 Trabalho escravo - 111

5.4 Crimes ambientais - 112

5.5 Contrabando - 114

5.6 Dispensa irregular e fraude em licitação - 116

5.7 Usurpação de bem da União - 119

5.8 Roubo - 120

5.9 Estelionato contra o INSS - 121

5.10 Moeda falsa - 122

5.11 Falsificação e uso de documento público inautêntico - 123

5.12 Associação criminosa - 125

5.13 Organização criminosa - 126

5.14 Lavagem de dinheiro - 128

5.15 Falso testemunho - 130

5.16 Tráfico de drogas - 131


6. ACORDO DE NÃO PERSECUÇÃO CIVIL

6.1 Previsão legal - 133

6.2 Facultatividade - 133

6.3 Sanções - 134

6.4 Cabimento - 136

6.5 Procedimento - 137

6.6 Acordo penal e civil - 139


7. BIBLIOGRAFIA - 140

## Nota do autor à 2ª edição

Alguns meses após o lançamento da 1ª edição percebemos que era preciso realizar um estudo mais aprofundado a respeito da anulação do acordo de não persecução penal.

Assim, após uma detida análise da viabilidade de aplicação das normas do Código Civil, produzimos um capítulo específico sobre esse tema. Nele são identificadas diversas situações de nulidade absoluta e hipóteses de anulabilidade por vícios do consentimento, com as adaptações cabíveis.

Além disso, acrescentamos alguns tópicos novos (concurso de pessoas) e aumentamos os comentários sobre reparação do dano, recursos (incluindo habeas corpus), renúncia a bens e direitos, prestação de serviços à comunidade, dentre outros.

Por fim, colacionamos decisões atualizadas do STF e do STJ sobre o não cabimento do acordo após o recebimento da denúncia, além da alteração sobre o cabimento do acordo em delitos criados pela Nova Lei de Licitações.

APRESENTAÇÃO

Após a entrada em vigor da lei n. 13.964/19, o chamado Pacote Anticrime, o acordo de não persecução penal passou a ter expressa previsão legal no ordenamento jurídico brasileiro.

Antes, ele constava na resolução n. 181 do Conselho Nacional do Ministério Público-CNMP, que trata do procedimento de investigação criminal a cargo do Ministério Público. Mas muitos promotores e procuradores não celebravam o pacto previsto na resolução, sob o argumento de que o CNMP não tem competência para criar, originariamente, normas processuais penais.

A partir de agora, o acordo de não persecução penal é mais um instituto despenalizador disponível na legislação, devendo sua aplicabilidade ser obrigatoriamente analisada por promotores de justiça e procuradores da república, em relação a todos os inquéritos policiais e procedimentos de investigação criminal que chegarem nas suas mesas.

Como tudo que é novo, o acordo suscita várias dúvidas, sendo o objetivo deste trabalho ajudar os estudiosos e profissionais da área jurídica a solucioná-las. Ao interpretar o art. 28-A do Código de Processo Penal tivemos como preocupação harmonizar o acordo com outros institutos despenalizadores existentes no Brasil, como a transação penal e a suspensão condicional do processo, além de assegurar o respeito aos direitos fundamentais dos investigados.

# INTRODUÇÃO

O livro está dividido em seis partes.

A primeira traz uma breve exposição do sistema de *plea bargain* do direito processual penal dos Estados Unidos da América, inspiração do acordo de não persecução brasileiro, ainda que tenham diferenças, vez que o projeto de lei original do Pacote Anticrime enviado ao Congresso Nacional, que visava instituir algo semelhante ao *plea bargain*, acabou sendo alterado.

A segunda parte cuida dos aspectos materiais do acordo, tais como fundamentação teórica, dispositivos legais, tipos de declarações do acusado, sanções, além de quadros comparativos com a transação penal e o *sursis* processual.

A terceira diz respeito aos aspectos processuais, tais como aplicação a processos em curso, momento da suspensão da prescrição, homologação judicial e recursos (incluindo habeas corpus).

A quarta analisa as hipóteses de nulidade absoluta e relativa do acordo de não persecução penal, aplicando de maneira analógica as regras do Código Civil sobre a invalidade dos negócios jurídicos.

A quinta faz uma análise da aplicabilidade do pacto a alguns crimes cujas especificidades levantam dúvidas sobre o seu cabimento, tais como sonegação fiscal, trabalho escravo, delitos licitatórios, dentre outros.

Por fim, a sexta parte consiste num pequeno estudo sobre o acordo de não persecução civil, criado junto com o penal, mas que permaneceu sem qualquer regulamentação. São apresentadas, por exemplo, sugestões quanto ao seu cabimento, possíveis sanções e momento de celebração.

# 1. *PLEA BARGAIN*

## 1.1 Conceito

O acordo de não persecução penal tem como instituto inspirador o sistema de *plea bargaining* do direito norte-americano, embora a aplicação negociada de penas não seja uma exclusividade do sistema jurídico dos Estados Unidos da América, encontrando-se em diversos outros países, tais como Canadá, Itália e Espanha.

Assim, não há como estudar o acordo de não persecução penal sem fazer uma breve exposição de como é o sistema norte-americano de aplicação negociada da pena. Ademais, a experiência jurídica norte-americana serve para solucionar dúvidas que surgirem no nosso ordenamento jurídico.

Devemos começar pelo conceito. O que é *plea bargaining*? Literalmente, é barganhar a respeito da declaração, de culpado ou não culpado, em relação a determinado crime. Conforme Castro:

> *plea* é simplesmente a declaração de culpado, não culpado ou *nolo contendere* que o acusado presta em juízo; *plea bargaining* trata-se da prática de negociação, do processo de pactuação entre acusação e defesa para se chegar à resolução penal; *plea bargain* significa a barganha, a tratativa em si; e *plea agreement* é o pacto, o acordo celebrado entre as partes.[1]

As regras a respeito do *plea bargaining* constam da legislação federal sobre procedimento criminal editada pela Suprema Corte dos Estados Unidos. As *Federal Rules of Criminal Procedure* (Regras do Procedimento Criminal Federal) são as normas editadas pela Suprema Corte dos Estados Unidos da América, que tem competência para produzir normas processuais, para regular o processo penal na Justiça Federal. O processo penal norte-americano sofre forte influência da

---

[1] CASTRO, Ana Lara Camargo de. *Plea bargain*: Resolução penal pactuada nos Estados Unidos. Belo Horizonte: Editora D'Plácido, 2019, 39.

Constituição e das garantias estabelecidas no *Bill of Rights*, sendo permanentemente interpretado pela Suprema Corte.[2]

## 1.2 Generalidades

A *Rule 11* do *Federal Rules of Criminal Procedure* é o dispositivo legal que disciplina o instituto das *pleas* (declarações). Eis o texto da norma:

> *Rule 11. Pleas*
> *(a) Entering a Plea.*
> *(1) In General. A defendant may plead not guilty, guilty, or (with the court's consent) nolo contendere.*
> *(2) Conditional Plea. With the consent of the court and the government, a defendant may enter a conditional plea of guilty or nolo contendere, reserving in writing the right to have an appellate court review an adverse determination of a specified pretrial motion. A defendant who prevails on appeal may then withdraw the plea.*
> *(3) Nolo Contendere Plea. Before accepting a plea of nolo contendere, the court must consider the parties' views and the public interest in the effective administration of justice. (4) Failure to Enter a Plea. If a defendant refuses to enter a plea or if a defendant organization fails to appear, the court must enter a plea of not guilty.*
> *(b) Considering and Accepting a Guilty or Nolo Contendere Plea.*
> *(1) Advising and Questioning the Defendant. Before the court accepts a plea of guilty or nolo contendere, the defendant may placed under oath, and the court must address the defend-ant personally in open court. During this address, the court must inform the defendant of, and determine that the defend-ant understands, the following:*

---

[2] Idem, ibidem.

(A) the government's right, in a prosecution for perjury or false statement, to use against the defendant any statement that the defendant gives under oath;

(B) the right to plead not guilty, or having already so pleaded, to persist in that plea;

(C) the right to a jury trial;

(D) the right to be represented by counsel—and if necessary have the court appoint counsel—at trial and at every other stage of the proceeding;

(E) the right at trial to confront and cross-examine ad-verse witnesses, to be protected from compelled self-in-crimination, to testify and present evidence, and to compel the attendance of witnesses;

(F) the defendant's waiver of these trial rights if the court accepts a plea of guilty or nolo contendere;

(G) the nature of each charge to which the defendant is pleading;

(H) any maximum possible penalty, including imprisonment, fine, and term of supervised release;

(I) any mandatory minimum penalty;

(J) any applicable forfeiture;

(K) the court's authority to order restitution;

(L) the court's obligation to impose a special assessment;

(M) in determining a sentence, the court's obligation to calculate the applicable sentencing-guideline range and to consider that range, possible departures under the Sentencing Guidelines, and other sentencing factors under 18 U.S.C. § 3553(a);

(N) the terms of any plea-agreement provision waiving the right to appeal or to collaterally attack the sentence; and

(O) that, if convicted, a defendant who is not a United States citizen may be removed from the United States, denied citizenship, and denied admission to the United States in the future.

(2) *Ensuring That a Plea Is Voluntary.* Before accepting a plea of guilty or nolo contendere, the court must address the defendant personally in open court

and determine that the plea is voluntary and did not result from force, threats, or promises (other than promises in a plea agreement).

(3) Determining the Factual Basis for a Plea. Before entering judgment on a guilty plea, the court must determine that there is a factual basis for the plea.

(c) Plea Agreement Procedure.

(1) In General. An attorney for the government and the defendant's attorney, or the defendant when proceeding pro se, may discuss and reach a plea agreement. The court must not participate in these discussions. If the defendant pleads guilty or nolo contendere to either a charged offense or a lesser or related offense, the plea agreement may specify that an attorney for the government will:

(A) not bring, or will move to dismiss, other charges;

(B) recommend, or agree not to oppose the defendant's request, that a particular sentence or sentencing range is appropriate or that a particular provision of the Sentencing Guidelines, or policy statement, or sentencing factor does or does not apply (such a recommendation or request does not bind the court); or

(C) agree that a specific sentence or sentencing range is the appropriate disposition of the case, or that a particular provision of the Sentencing Guidelines, or policy statement, or sentencing factor does or does not apply (such a recommendation or request binds the court once the court accepts the plea agreement).

(2) Disclosing a Plea Agreement. The parties must disclose the plea agreement in open court when the plea is offered, un-less the court for good cause allows the parties to disclose the plea agreement in camera.

(3) Judicial Consideration of a Plea Agreement.

(A) To the extent the plea agreement is of the type specified in Rule 11(c)(1)(A) or (C), the court may accept the agreement, reject it, or defer a decision until the court has reviewed the presentence report. (B) To the extent the plea agreement is of the type specified in Rule 11(c)(1)(B), the court must advise the defend-ant that the defendant has no right to withdraw the plea if the court does not follow the recommendation or re-quest.

(4) *Accepting a Plea Agreement.* If the court accepts the plea agreement, it must inform the defendant that to the extent the plea agreement is of the type specified in Rule 11(c)(1)(A) or (C), the agreed disposition will be included in the judgment.

(5) *Rejecting a Plea Agreement.* If the court rejects a plea agreement containing provisions of the type specified in Rule 11(c)(1)(A) or (C), the court must do the following on the record and in open court (or, for good cause, in camera):

(A) inform the parties that the court rejects the plea agreement;

(B) advise the defendant personally that the court is not required to follow the plea agreement and give the defend-ant an opportunity to withdraw the plea; and

(C) advise the defendant personally that if the plea is not withdrawn, the court may dispose of the case less favor-ably toward the defendant than the plea agreement contemplated.

(d) *Withdrawing a Guilty or Nolo Contendere Plea.* A defendant may withdraw a plea of guilty or nolo contendere:

(1) before the court accepts the plea, for any reason or no reason; or

(2) after the court accepts the plea, but before it imposes sentence if:

(A) the court rejects a plea agreement under Rule 11(c)(5); or

(B) the defendant can show a fair and just reason for re-questing the withdrawal.

(e) *Finality of a Guilty or Nolo Contendere Plea.* After the court imposes sentence, the defendant may not withdraw a plea of guilty or nolo contendere, and the plea may be set aside only on direct appeal or collateral attack.

(f) *Admissibility or Inadmissibility of a Plea, Plea Discussions, and Related Statements.* The admissibility or inadmissibility of a plea, a plea discussion, and any related statement is governed by Federal Rule of Evidence 410.

*(g) Recording the Proceedings. The proceedings during which the defendant enters a plea must be recorded by a court reporter or by a suitable recording device. If there is a guilty plea or a nolo contendere plea, the record must include the inquiries and advice to the defendant required under Rule 11(b) and (c).*

*(h) Harmless Error. A variance from the requirements of this rule is harmless error if it does not affect substantial rights.*[3]

Em geral, um réu pode se declarar inocente, culpado ou, sem assumir ou negar a culpa, dizer que não deseja contestar (*nolo contendere*). O réu pode fazer uma declaração condicional de culpado ou *nolo contendere*, reservando-se o direito de apelar para o tribunal revisar o acordo. Se vencer a apelação pode retirar a declaração anterior.

Antes que o tribunal aceite uma declaração de culpado ou *nolo contendere*, deve dirigir-se pessoalmente ao réu em audiência para informar que: o governo tem o direito de processá-lo por falso testemunho e de usar contra ele qualquer declaração prestada sob juramento; tem o direito de se declarar inocente; tem direito a um julgamento pelo júri; tem o direito de ser representado por um advogado, e se não puder pagar o tribunal designará um; tem o direito de ser protegido de autoincriminação forçada, embora possa renunciar ao direito de não se autoincriminar; renunciará a esses direitos se o tribunal aceitar a declaração de culpado ou *nolo contendere*; tem direito de ser informado do teor das acusações que aceitará; tem o direito de saber qualquer a penalidade máxima possível a que estará sujeito, incluindo prisão, multa e termo de libertação supervisionada, assim como qualquer penalidade mínima obrigatória; renunciará ao direito de apelar ou de atacar a sentença; se condenado, um réu que não seja cidadão norte-americano poderá ser deportado, negada a cidadania e a admissão nos Estados Unidos no futuro.

---

[3] Supreme Court of the United States. *Federal rules of criminal procedure*. Disponível em:<https://www.uscourts.gov/sites/default/files/federal_rules/FRCrP12.1.2014.pdf>. Acesso em: 23/-4/2020.

A Suprema Corte dos Estados Unidos reconhece que o acusado pode renunciar a garantias asseguradas na Constituição, desde que silente a lei sobre a proibição específica de determinados tipos de renúncia. Constituem exceções à renúncia o *habeas corpus* ou alegações de discriminação racial, sentença imposta acima do mínimo legal ou fora dos termos negociados no acordo.

As partes devem apresentar o acordo em audiência aberta ao público, salvo se houver justa causa para ser realizada a portas fechadas. O tribunal poderá aceitar o acordo, rejeitá-lo ou adiar uma decisão até que revise o relatório de apresentação. Se o tribunal aceitar o acordo, deve informar o réu que a disposição acordada será incluída no julgamento. Se o tribunal rejeitar o acordo, deverá aconselhar pessoalmente o réu e dar a ele a oportunidade de retirar a declaração de culpado.

Antes de aceitar uma alegação de culpado ou *nolo contendere*, o tribunal precisa confirmar que a alegação é voluntária e não resultou de violência física, ameaças ou promessas (exceto as promessas feitas no próprio acordo).

O tribunal deve avaliar se há uma base fática (indícios suficientes da prática ilícita e sua autoria) para a acusação. A base fática "pode ser extraída de quaisquer elementos constantes dos autos que revelem as circunstâncias e detalhes fáticos, inclusive da ocorrência policial ou do depoimento do acusado".[4]

Um réu pode retirar a declaração de culpado ou *nolo contendere* antes que o tribunal a aceite, por qualquer razão ou sem motivo, ou depois que o tribunal aceitar o acordo, mas antes de impor sentença. Após a sentença o réu não pode retirar a declaração de culpado ou *nolo contendere* e a confissão pode ser anulada apenas em recurso.

A Suprema Corte dos Estados Unidos decidiu que uma declaração de culpa feita em juízo, após uma confissão durante o interrogatório policial que teria sido obtida mediante coação, não deve ser considerada involuntária (*Parker v. North Carolina*, 397 U.S. 790 (1970). A Suprema Corte não considera involuntária a declaração de culpa, "ainda que haja alegação de confissão coercitiva na esfera

---

[4] CASTRO, Ana Lara Camargo de. *Plea bargain*: Resolução penal pactuada nos Estados Unidos. Belo Horizonte: Editora D'Plácido, 2019, p. 80.

policial, desde que o acusado tenha, posteriormente, consultado advogado ou defensor, e tenha sido, inteligivelmente, esclarecido das suas possibilidades jurídicas entre as hipóteses legais"[5]. Quando o acusado admite sua culpa numa audiência judicial há quebra da cadeia de eventos antecedentes. Daí porque não pode alegar a violação de garantias constitucionais anteriores a essa fase processual, nas quais se incluem alegações de ilicitude na obtenção de evidências na esfera policial.

O processo no qual o réu apresenta uma alegação de culpa ou *nolo contendere* deve ser registrado por um repórter da corte ou por um dispositivo de registro adequado.

## 1.3 Negociações

O promotor de justiça e o advogado do réu podem discutir e chegar a um acordo sobre a confissão. O tribunal não deve participar desses debates. Se o réu se declarar culpado pelo crime o acordo poderá especificar que o promotor de justiça não fará novas acusações ou que concorda com uma sentença específica.

Conforme os princípios que norteiam a atuação prática do Ministério Público, há diversos tipos de acordos: 1) *charge bargainng*, em troca da confissão do réu por uma determinada infração o promotor concorda em trocar a acusação original por uma menos grave, de modo que outras imputações não serão buscadas ou serão descartadas; 2) *count bargaining*, acordos segundo os quais o governo negocia a quantidade de acusações, retirando algumas e mantendo outras; 3) *fact bargaining*, nos quais o promotor omite ou altera fatos que influenciariam na quantidade de pena a ser imposta; 4) *sentence bargaining*, acordos onde o promotor pede uma sentença mais condescendente que a esperada para o delito cometido, se houver confissão de culpa.

Os promotores geralmente buscam acusar pelo crime mais grave, conforme a natureza e a extensão da conduta do acusado, que possa resultar numa condenação sustentável. Mas as acusações não devem ser abandonadas para se chegar a uma

---

[5] Idem, p. 76.

barganha que não reflita a seriedade da conduta do réu (*Principles of federal prossecution, JM 9-27.400*).

Segundo a Suprema Corte dos Estados Unidos, "advertir da possibilidade de formulação de imputação mais severa é tática admissível durante o processo de negociação, eis que nesse 'toma lá, dá cá' não há que se falar em retaliação, desde que o acusado esteja livre para aceitar ou rejeitar a proposta."[6]

Ao determinar se será apropriado firmar um pacto, o promotor deve considerar todas as considerações relevantes, incluindo: a disposição do réu de cooperar na investigação ou ação penal de terceiros; a história do réu em relação à atividade criminosa; a natureza e seriedade do crime(s) praticado(s); o remorso ou contrição do réu e sua vontade de assumir a responsabilidade por sua conduta; a conveniência de pronta e certa disposição do caso; a probabilidade de obter uma condenação no julgamento; o provável efeito nas testemunhas; a sentença provável ou outras consequências se o réu for condenado; o interesse público em ter o caso julgado, em vez de ser descartado por uma declaração de culpa; a despesa do julgamento e da apelação; a necessidade de evitar atrasos na disposição de outros casos pendentes; e os interesses da vítima, incluindo qualquer efeito no direito de restituição (*Principles of federal prossecution, JM 9-27.420*).

Conforme a Suprema Corte, a decisão de acusar ou não por determinada imputação resta na discricionariedade do promotor (*Bordenkircher v. Hayes, 434U.S. 357 (1978)*, mas o poder discricionário do promotor está sujeito a limitações constitucionais. A recusa em fazer o acordo pode ser revista diante de má-fé ou quando baseada em discriminação inconstitucional, como raça, religião ou qualquer outro motivo não relacionado aos objetivos legítimos da atuação funcional, desde que especificamente identificados pelo acusado.[7]

É direito do investigado a assistência por defensor público ou advogado durante todas as fases de negociação. É possível entrar com um recurso para anular o

---

6 CASTRO, Ana Lara Camargo de. *Plea bargain*: Resolução penal pactuada nos Estados Unidos. Belo Horizonte: Editora D'Plácido, 2019, p. 77.
7 Idem, p. 96.

acordo por falta de assistência adequada. Nos Estados Unidos foram estabelecidos os seguintes critérios:

> 1) o acusado deve provar que a performance da defesa está abaixo do *standard* objetivo de razoabilidade; e 2) o acusado deve provar que há razoável probabilidade de que, não fosse pelos erros advindos da falta de profissionalismo do advogado, o resultado teria sido diferente;[8]

Todos os acordos devem ser feitos por escrito e arquivados no tribunal. Sempre que um réu pretender negociar, esse fato e as condições do contrato também devem ser mantidos em arquivo. A documentação pode incluir uma cópia da transcrição do tribunal no momento em que o fundamento é apresentado em audiência (*Principles of federal prossecution, JM 9-27.450*).

1.4 Negativa de culpa

O promotor não deve, exceto com a aprovação do procurador dos Estados Unidos e do procurador-geral adjunto apropriado, firmar um acordo judicial se o réu mantiver sua inocência com relação à acusação. No caso em que o acusado apresenta uma declaração de culpa, mas nega ter cometido a infração, o promotor deve fazer uma oferta de prova de todos os fatos conhecidos pelo governo para apoiar a conclusão de que o réu é de fato culpado (*Principles of federal prossecution, JM 9.27.440*).

Em Carolina do Norte v. Alford, 400 US 25 (1970), a Suprema Corte considerou que a Constituição não proíbe que um tribunal aceite uma alegação de culpa de um réu que simultaneamente mantém sua inocência, desde que a alegação seja apresentada voluntária e inteligentemente e exista uma forte base fática. A Suprema Corte considerou que não há diferença material entre um argumento de *nolo*

---

[8] Idem, p. 103.

*contendere*, em que o réu não admite expressamente sua culpa, e uma declaração de culpa em que o acusado ao mesmo tempo alega inocência (*Alford plea*).

Apesar da validade constitucional do *Alford plea*, essa declaração deve ser evitada, exceto nas circunstâncias mais incomuns. O público pode não entender como um réu que negou sua culpa foi declarado culpado e preso com sua concordância.

### 1.5 *Plea of nolo contendere*

A *plea of nolo contendere* é a declaração na qual o réu não se declara culpado nem inocente. Concorda com a imposição da pena sem admitir sua culpa, para solucionar o caso. Ela "tem efeitos similares à declaração de culpa, todavia, não é admissível como confissão em processo correlato de responsabilidade civil".[9]

Se um réu evita admitir culpa, alegando *nolo contendere*, o promotor deve fazer ao tribunal uma oferta de prova de fatos conhecidos que apoiam a conclusão de que o réu cometeu o crime. Além disso, o promotor deve instar o tribunal a exigir que o réu admita publicamente os fatos subjacentes às acusações criminais.

O advogado do governo irá se opor à aceitação de um argumento de *nolo contendere*, a menos que o procurador dos Estados Unidos e o procurador-geral adjunto concluam que as circunstâncias do caso são tão incomuns que a aceitação de tal argumento será de interesse público (*Principles of federal prossecution, JM 9-27.500*).

### 1.6 Acordos de cooperação

O promotor, com aprovação do seu supervisor, firmará um acordo de não-acusação em troca da cooperação de uma pessoa quando isso for necessário ao interesse público. Pode ser importante para o sucesso de uma investigação obter o testemunho ou outra cooperação de uma pessoa envolvida na conduta criminal. No entanto, devido ao seu envolvimento, a pessoa pode se recusar a cooperar devido ao

---

[9] Idem, p. 57.

desejo de não incriminar a si mesma, inclusive invocando seu privilégio da Quinta Emenda contra a autoincriminação compulsória. O promotor pode induzir sua renúncia a esse direito (*Principles of federal prossecution, JM 9-27.600*).

No acordo de cooperação (*cooperation agreement*) o acusado declara-se culpado e concorda em cooperar com a promotoria na investigação e na ação penal. Costuma incluir a contínua prestação de informações verdadeiras, a participação em reuniões designadas pela promotoria, testemunho na justiça e proibição de praticar novos delitos.

O acordo de cooperação pode resultar em acordo de não persecução penal (*Non-Prosecution Agreement- NPA*) ou em acordo de adiamento da persecução penal (*Deferred Prosecution Agreement-DPA*). O primeiro é utilizado no sistema federal excepcionalmente. O promotor deixa de processar criminalmente o acusado em troca de extraordinária colaboração, necessária ao interesse público e impossível de ser obtida por outros meios. Corresponde ao acordo de colaboração premiada no Brasil.

O segundo se refere ao acordo entre acusação e defesa para, com autorização judicial, suspender o andamento da ação penal até determinada data e arquivar o caso se houver cumprimento das obrigações. Corresponde à suspensão condicional do processo.

## 2. ACORDO DE NÃO PERSECUÇÃO PENAL

### 2.1 Liberdade *vs.* autoridade

Sempre estamos sujeitos à autoridade de alguém. Da família, daquele para quem trabalhamos, do Estado. Mesmo assim, o ser humano sempre busca a liberdade, de modo que o conflito entre autoridade e liberdade é eterno. Ambas dependem uma da outra para existir, conforme Proudhon:

> A Autoridade e a Liberdade são tão antigas no mundo como a raça humana: nascem conosco, e perpetuam-se em cada um de nós. [...] A Autoridade supõe necessariamente uma Liberdade que a reconheça ou a negue; a liberdade por seu lado, no sentido político do termo, supõe igualmente uma autoridade que lide com ela, a reprima ou a tolere. Suprima-se uma das duas, a outra não faz mais sentido: a autoridade, sem uma liberdade que discuta, resista ou se submeta, é uma palavra vã; a liberdade, sem uma autoridade que a equilibre, é um contrassenso.[10]

Em qualquer sociedade, da mais autoritária à mais liberal, uma parte das decisões é deixada à liberdade dos indivíduos, e outra à autoridade do Estado, de modo que "é pouco provável por alto que seja o nível de civilização, de moralidade e de sabedoria que o gênero humano atinja, que todos os vestígios de governo e de autoridade desapareçam."[11]

Historicamente, temos observado a evolução do Estado predominantemente autoritário, onde o poder pertence a uma única pessoa (monarquia absolutista) ou a alguns indivíduos considerados especiais (aristocracia), para o Estado liberal, onde o poder é exercido por uma classe política eleita (democracia representativa).[12]

---

10 PROUDHON, Pierre-Joseph. *Do princípio federativo*. Trad. Francisco Trindade. São Paulo: Nu-Sol: Imaginário, 2001, p. 46.
11 Idem, p. 65.

Numa democracia, o ideal é que os indivíduos assumam obrigações de forma voluntária, sendo o contrato o principal instrumento a ser utilizado. Uma vez que "o regime liberal ou contratual prevalece de dia para dia sobre o regime autoritário, é à ideia de contrato que nos devemos ligar como sendo a ideia dominante da política."[13]

É o princípio contratual que melhor permite o exercício da liberdade pelo ser humano, pois a obrigação é criada com a aquiescência da vontade dos contratantes, e de forma bilateral, ao contrário da lei imposta pelo Estado, produzida de forma unilateral. Ainda que a lei seja aprovada por representantes eleitos, estes não precisam do consentimento do povo para votar as leis que quiserem, e frequentemente traem as expectativas dos eleitores.

A lei é a expressão maior da autoridade do Estado. É o meio através do qual este cria limitações à liberdade individual. A lei obriga a fazer, deixar de fazer, cria crimes e impõe deveres, sendo completamente desnecessária a concordância do cidadão.

Uma forma de contrabalançar a autoridade fria da lei é o contrato. O mais comum é o contrato entre particulares, pessoas físicas e jurídicas. Mas também é possível celebrar um contrato com o Estado. Um contrato permite que o cidadão obtenha benefícios equivalentes às obrigações pelas quais se obriga, desde que possua total liberdade durante sua negociação.

A liberdade de agir implica na liberdade de contratar. Quanto mais autoritário é o Estado, menor é a liberdade do cidadão, menos ele pode regular a sua vida por meio de contratos. Quanto mais leis há no Estado, mais ele é autoritário, menos é deixado à liberdade de contratar.

Quando as obrigações são criadas primordialmente por leis, a vontade individual não tem importância. Assim, é preferível que as obrigações de fazer e não fazer sejam criadas através de contratos em vez de leis, pois nos acordos a vontade individual é levada em consideração. O acordo é uma forma de levar em conta a liberdade do cidadão, em menos autoritarismo por parte do Estado.

---

12 Como observou Proudhon, "ao desenvolvimento do Estado autoritário, patriarcal, monárquico ou comunista, opõe-se o desenvolvimento do Estado liberal, contratual e democrático." (Idem, p. 52).
13 Idem, p. 87.

## 2.2 Acordo penal

O acordo penal é um contrato especial no qual o indivíduo negocia, como sujeito de direitos e detentor de autonomia política, em condições que devem ser as mais livres possíveis, as penas que receberá, em razão de ter praticado um fato definido em lei como crime. Ainda que o cidadão não possa fugir à autoridade do Estado, permite-se que aceite voluntariamente determinadas penas.

Para que se celebre um contrato é fundamental que isso seja vantajoso para ambas as partes. E isso ocorre quando o contrato é sinalagmático (bilateral) e comutativo (cada parte se obriga a fazer alguma coisa, equivalente ao benefício que recebe).[14] No acordo penal o autor do delito, assistido por um advogado, se compromete a cumprir algumas sanções e o Estado, representado pelo Ministério Público, se compromete a não processar o indivíduo ou a não pedir que seja condenado a uma pena maior.

A principal vantagem do acordo é que ele valoriza a liberdade e a autodeterminação da pessoa, possibilitando que possa dar sua concordância com a pena que lhe será imposta. A sanção penal deixa de ser algo imposto unilateralmente pelo Estado, passando a ser objeto de negociação e concordância. O cidadão poderá barganhar a quantidade e qualidade das penas que sofrerá, conforme os parâmetros legais.

O maior ponto negativo do acordo é ser usado para impor uma pena a alguém inocente, que a aceita por pressão psicológica, quando a acusação não tem provas suficientes da autoria do delito.

---

14 Como bem observou Proudhon: "O contrato político não adquire toda a sua dignidade e moralidade senão com a condição primeiro de ser *sinalagmático e comutativo*; segundo, de estar contido, quanto ao seu objeto, dentro de certos limites: duas condições que se supõe existirem no regime democrático, mas que, ainda aí, não são quase sempre senão uma ficção.[...]
"Para que o contrato político possa cumprir a condição sinalagmática e comutativa que sugere a ideia de democracia; para que, encerrando-se em limites corretos, ele continue vantajoso e cômodo para todos, é preciso que o cidadão, entrando na associação, primeiro tenha a receber do Estado como o que lhe sacrifica; segundo, que conserve toda a sua liberdade, soberania e iniciativa, menos o que é relativo ao objeto especial para o qual o contrato foi feito e para o qual se pede a garantia do Estado. Assim regulado e compreendido, o contrato político é o que eu chamo uma *federação*." (Idem, p. 89-90).

Para o Estado o maior proveito é conseguir impor sanções ao autor do crime sem precisar aguardar todo o trâmite processual para obter uma sentença condenatória, que leva tempo e pode resultar em absolvição.

As regras sobre contratos são o ponto de partida para a celebração das cláusulas dos acordos, mas sua natureza é de um contrato constitucional. Os compromissos devem ser construídos à luz dos direitos fundamentais garantidos pela Constituição, como o devido processo legal e a presunção de inocência.

São espécies de acordos penais no Brasil a transação penal, aplicável no âmbito dos juizados especiais, a suspensão condicional do processo e o acordo de não persecução penal.

O acordo penal não é uma lei, mas um negócio jurídico com consequências penais. É um ato jurídico negocial, embora previsto na legislação processual penal.

Tem-se alegado que o acordo de não persecução penal é uma norma mais benéfica ao infrator. Acontece que o acordo não é uma lei penal e não necessariamente é mais benéfico ao acusado.

As leis penais benéficas são aquelas que extinguem um crime (*abolitio criminis*), reduzem a pena, criam uma causa de diminuição, uma atenuante ou reduzem o prazo de prescrição. A *lex mitior* traz um proveito certo. Se favorece alguém, aplica-se de modo automático. A validade e eficácia da lei penal não dependem da vontade do sujeito.

Um acordo pode conter condições mais benéficas que as consequências de uma condenação. A pena de prestação de serviços à comunidade prevista no acordo corresponderá à pena mínima privativa de liberdade (que seria substituída na condenação) diminuída de um a dois terços. Mas, se outras condições forem impostas pelo Ministério Público, o pacto terá mais obrigações que as decorrentes de uma condenação. Por outro lado, se o investigado preferir seguir com a ação penal, pode ser absolvido. Assim, fazer um acordo nem sempre será a melhor opção.

2.3 Acordo penal *vs.* garantismo

Luigi Ferrajoli, na obra Direito e Razão (Teoria do garantismo penal), mostra-se claramente contrário a acordos penais entre a acusação e a defesa que fixam a pena de modo a afastar o julgamento do fato por um juiz imparcial. Ferrajoli é particularmente contrário ao *plea-bargain*, instituto do direito norte-americano que inspirou o acordo de não persecução penal.

No Código de Processo Penal italiano existem duas formas de acordos. A primeira trata-se de um acordo sobre a pena, feito através de uma petição apresentada pelas partes "de uma sanção substitutiva ou de uma pena pecuniária reduzida até um terço" ou inclusive "de uma pena privativa de liberdade quando esta, dadas as circunstâncias e reduzida até um terço, não supere dois anos de prisão ou de arresto" (art. 444). A segunda é um pacto sobre o procedimento, por meio do qual o autor do delito, com a aquiescência do Ministério Público, apresenta uma petição a fim de que o caso seja definido na audiência preliminar (art. 438), com a vantagem de que a pena ficará reduzida "em um terço" (art. 442).

Ferrajoli critica o consenso formado na doutrina italiana sobre esses acordos, segundo a qual estariam em conformidade com o sistema acusatório e com a natureza do processo entre partes. Diz ele, a começar pela suposta conformidade com o sistema acusatório:

> uma tese como essa, reforçada pelo recurso à experiência do processo acusatório americano e especialmente do *plea bargaining*, é fruto de uma confusão entre o modelo teórico acusatório – que consiste unicamente na separação entre juiz e acusação, na igualdade entre acusação e defesa, na oralidade e publicidade do juízo – e as características concretas do processo acusatório estado-unidense, algumas das quais, como a discricionariedade da ação penal e o pacto, não têm relação alguma com o modelo teórico. A confusão, injustificável no plano teórico, é explicável no histórico: discricionariedade da ação penal e acordos são, de fato, os restos modernos do caráter originariamente privado e/ou popular da acusação, quando a oportunidade da ação e, eventualmente, dos acordos com o imputado era uma

consequência óbvia da livre acusação. Porém, uma e outra carecem de justificação nos sistemas em que, como ocorre na Itália e inclusive nos Estados Unidos, o órgão da acusação é público. O mesmo pode dizer-se da fórmula do "processo entre partes", cuja utilização a propósito dos acordos é igualmente imprópria e tendenciosa. A negociação entre acusação e defesa é exatamente o contrário ao juízo contraditório característico do método acusatório e encaminha, melhor, às práticas persuasórias permitidas pelo segredo nas relações desiguais próprias da inquisição. O contraditório, de fato, consiste na confrontação pública e antagônica, em condições de igualdade entre as partes. E nenhum juízo contraditório existe entre partes que, mais que contender, pactuam entre si em condições de desigualdade.[15]

Ferrajoli afirma que os acordos processuais penais provocam uma perversão burocrática e policial, tornando o processo judicial um luxo reservado a quem pode pagar pelos seus custos, deixando-se aos demais, ainda que inocentes, a opção entre receber prontamente uma pena reduzida ou se submeter a um juízo ordinário onde poderão receber uma penalidade muito maior. Ele resume assim sua oposição aos acordos penais:

> Todo o sistema de garantias resta assim enlouquecido: o nexo causal e proporcional entre delito e pena, já que a medida desta não dependerá da gravidade do primeiro senão da habilidade negociadora da defesa, do espírito de aventura do imputado e da discricionariedade da acusação; os princípios da igualdade, certeza e legalidade penal, já que não existe nenhum critério legal que condicione a severidade ou a indulgência do ministério público e que discipline a negociação que haja empreendido com o acusado; a inderrogabilidade do juízo, que implica infungibilidade da jurisdição e de suas garantias, ademais da obrigatoriedade da ação penal e da indisponibilidade das situações penais, burladas de fato pelo poder do ministério fiscal de ordenar a

---
15 FERRAJOLI, Luigi. *Derecho y razón*: teoría del garantismo penal. 8. ed. Madrid: Trotta, 2006, p. 748.

liberdade do acusado que se declara culpado; a presunção de inocência e o ônus da prova da acusação, negadas substancialmente, já que não formalmente, pela primazia que se atribui à confissão interessada e pelo papel de corrupção do suspeito que se encarrega da acusação quando não à defesa; o princípio de contradição, que exige o conflito e a clara separação de funções entre as partes processuais.[16]

As palavras de Ferrajoli servem como advertência aos membros do Ministério Público para não cometerem excessos e não se valerem da autoridade natural que possuem, como órgãos do Estado, para pressionar suspeitos a fazerem acordos sem haver provas da autoria do crime.

Suas críticas alertam para uma realidade comum nos Estados Unidos: pessoas inocentes, não responsáveis por determinados crimes, são pressionadas a aceitar acordos e acabam assumindo a culpa por delitos que não cometeram.

No sistema penal norte-americano fazer um acordo é muitas vezes mais confiável do que tentar um julgamento. As penas para alguns delitos chegam à prisão perpétua ou à morte. Se fizer um acordo o promotor pode acusar o réu por um crime menos grave, diminuindo bastante o tempo de prisão ou evitando a pena capital.

No Brasil, contudo, um acordo nunca resultará em cumprimento de pena privativa de liberdade. Acordos penais podem abreviar o dissabor de responder ao processo para receber penas alternativas que seriam, de qualquer modo, aplicadas em caso de condenação.

O sistema acusatório, no qual a ação penal é proposta pelo Ministério Público e julgada por um órgão distinto, imparcial e independente (o juiz), é compatível com os acordos pré-processuais. O direito de ser julgado por um terceiro imparcial, com as garantias do contraditório e da ampla defesa, é renunciável.

Cada indivíduo é o melhor juiz do que é bom ou mau para si mesmo, de modo que pode aceitar voluntariamente uma sanção penal. Basta garantir ao acusado plena

---

16 Idem, p. 749.

liberdade para manifestar sua concordância, sem qualquer espécie de violência ou coação psicológica.

Mesmo assim, acusados inocentes devem recusar o acordo e buscar a absolvição. Os acordos não são impostos pela autoridade estatal. O imputado não é obrigado a fazê-lo. Tem livre arbítrio.

O fato do órgão da acusação ser público não é um impedimento para realizar o acordo, pois permite-se a livre manifestação da vontade diante da proposta do Estado. O grande problema está na negociação do pacto. A vontade precisa ser manifestada sem pressões nem ameaças.

Quanto à igualdade entre as partes, ela fica garantida pela assistência concedida por advogado ou pela Defensoria Pública. A orientação jurídica permite que o acusado possa manifestar livremente seu desejo. Contudo, se a assistência for mal prestada, o acordo é passível de anulação.

A falta de proporcionalidade entre delito e pena existe nos próprios tipos penais. Existem diversos crimes com penas desproporcionais ao ilícito praticado. Considerando a gravidade do dano sofrido pela vítima, ora a pena é baixa, ora é exagerada. Podemos citar diversos exemplos. O crime de lesão corporal gravíssima (no qual a vítima perde um braço ou uma perna, ou ambos os braços e ambas as pernas), tem pena mínima de 2 anos de reclusão (art. 129, § 2º, do CP); já o crime de publicar uma foto pornográfica envolvendo criança ou adolescente tem pena mínima de 3 anos (art. 241-A da lei n. 8.069/90). Falsificar produto com fins terapêuticos (um sabonete medicinal) têm pena mínima de 10 anos (art. 273 do CP), maior que a pena mínima do homicídio simples (art. 121, *caput*, do CP).

Um acordo pode corrigir a desproporção presente na lei. O delito de pôr em funcionamento uma rádio sem autorização tem pena mínima de 2 anos (art. 183 da lei n. 9.472/97). Esse delito, cuja pena é maior que a de muitos crimes contra a pessoa praticados mediante violência ou grave ameaça (o crime de constrangimento ilegal, previsto no art. 146 do CP, tem pena mínima de apenas 3 meses), se objeto de acordo, diminuirá a pena de prestação de serviços à comunidade (que seria aplicada na condenação), em até dois terços.

Embora a confissão seja um requisito legal para fazer o acordo, este deve ser possível mesmo sem ela. Essa exigência fere o princípio da presunção de inocência, sem qualquer necessidade, visto que não haverá condenação. Quanto ao ônus da prova, a acusação precisa confirmar a materialidade e a autoria. Se não puder, o correto é arquivar o caso.

Enfim, acreditamos que no Brasil a resolução pactuada da sanção penal, atendidos os limites legais e respeitados os direitos constitucionais dos acusados, pode trazer mais benefícios que desvantagens.

2.4 Previsão legal

A lei n. 13.964/2019 inseriu o acordo de não persecução penal no art. 28-A do Código de Processo Penal:

Art. 28-A. Não sendo caso de arquivamento e tendo o investigado confessado formal e circunstancialmente a prática de infração penal sem violência ou grave ameaça e com pena mínima inferior a 4 (quatro) anos, o Ministério Público poderá propor acordo de não persecução penal, desde que necessário e suficiente para reprovação e prevenção do crime, mediante as seguintes condições ajustadas cumulativa e alternativamente:

I - reparar o dano ou restituir a coisa à vítima, exceto na impossibilidade de fazê-lo;

II - renunciar voluntariamente a bens e direitos indicados pelo Ministério Público como instrumentos, produto ou proveito do crime;

III - prestar serviço à comunidade ou a entidades públicas por período correspondente à pena mínima cominada ao delito diminuída de um a dois terços, em local a ser indicado pelo juízo da execução, na forma do art. 46 do Decreto-Lei nº 2.848, de 7 de dezembro de 1940 (Código Penal);

IV - pagar prestação pecuniária, a ser estipulada nos termos do art. 45 do Decreto-Lei nº 2.848, de 7 de dezembro de 1940 (Código Penal), a entidade pública ou de interesse social, a ser indicada pelo juízo da execução, que tenha, preferencialmente, como função proteger bens jurídicos iguais ou semelhantes aos aparentemente lesados pelo delito; ou

V - cumprir, por prazo determinado, outra condição indicada pelo Ministério Público, desde que proporcional e compatível com a infração penal imputada.

§ 1º Para aferição da pena mínima cominada ao delito a que se refere o **caput** deste artigo, serão consideradas as causas de aumento e diminuição aplicáveis ao caso concreto.

§ 2º O disposto no **caput** deste artigo não se aplica nas seguintes hipóteses:

I - se for cabível transação penal de competência dos Juizados Especiais Criminais, nos termos da lei;

II - se o investigado for reincidente ou se houver elementos probatórios que indiquem conduta criminal habitual, reiterada ou profissional, exceto se insignificantes as infrações penais pretéritas;

III - ter sido o agente beneficiado nos 5 (cinco) anos anteriores ao cometimento da infração, em acordo de não persecução penal, transação penal ou suspensão condicional do processo; e

IV - nos crimes praticados no âmbito de violência doméstica ou familiar, ou praticados contra a mulher por razões da condição de sexo feminino, em favor do agressor.

§ 3º O acordo de não persecução penal será formalizado por escrito e será firmado pelo membro do Ministério Público, pelo investigado e por seu defensor.

§ 4º Para a homologação do acordo de não persecução penal, será realizada audiência na qual o juiz deverá verificar a sua voluntariedade, por meio da oitiva do investigado na presença do seu defensor, e sua legalidade.

§ 5º Se o juiz considerar inadequadas, insuficientes ou abusivas as condições dispostas no acordo de não persecução penal, devolverá os autos ao Ministério Público para que seja reformulada a proposta de acordo, com concordância do investigado e seu defensor.

§ 6º Homologado judicialmente o acordo de não persecução penal, o juiz devolverá os autos ao Ministério Público para que inicie sua execução perante o juízo de execução penal.

§ 7º O juiz poderá recusar homologação à proposta que não atender aos requisitos legais ou quando não for realizada a adequação a que se refere o § 5º deste artigo.

§ 8º Recusada a homologação, o juiz devolverá os autos ao Ministério Público para a análise da necessidade de complementação das investigações ou o oferecimento da denúncia.

§ 9º A vítima será intimada da homologação do acordo de não persecução penal e de seu descumprimento.

§ 10. Descumpridas quaisquer das condições estipuladas no acordo de não persecução penal, o Ministério Público deverá comunicar ao juízo, para fins de sua rescisão e posterior oferecimento de denúncia.

§ 11. O descumprimento do acordo de não persecução penal pelo investigado também poderá ser utilizado pelo Ministério Público como justificativa para o eventual não oferecimento de suspensão condicional do processo.

§ 12. A celebração e o cumprimento do acordo de não persecução penal não constarão de certidão de antecedentes criminais, exceto para os fins previstos no inciso III do § 2º deste artigo.

§ 13. Cumprido integralmente o acordo de não persecução penal, o juízo competente decretará a extinção de punibilidade.

§ 14. No caso de recusa, por parte do Ministério Público, em propor o acordo de não persecução penal, o investigado poderá requerer a remessa dos autos a órgão superior, na forma do art. 28 deste Código.

Antes da lei n. 13.964/2019 havia a resolução n. 181/2017 do Conselho Nacional do Ministério Público-CNMP, alterada pela resolução n. 183/2018. Esta foi a primeira norma, de caráter infralegal, a prever o acordo de não persecução penal no direito brasileiro.

Inicialmente, a resolução n. 181/2017 não previa uma pena máxima como limite, sendo cabível em tese para qualquer crime, desde que praticado sem violência ou grave ameaça, e foi objeto de ações declaratórias de inconstitucionalidade junto ao STF (ADI 5793, ADI 5790).

Então veio a resolução n. 183/2018, que previu sua aplicabilidade a crimes com pena mínima abaixo de 4 anos, além de fazer outros acréscimos. A lei n. 13.964/2019, ao inserir o acordo no art. 28-A do Código de Processo Penal, aproveitou boa parte da referida resolução.

Eis um quadro comparativo entre a resolução n. 181/2017 do CNMP (com redação dada pela resolução n. 183/2018), e o art. 28-A do Código de Processo Penal:

QUADRO COMPARATIVO

| Resolução n. 181/2017 do CNMP (com redação da resolução n. 183/2018) | Art. 28-A do Código de Processo Penal (lei n. 13.964/2019) |
|---|---|
| Art. 18. Não sendo o caso de arquivamento, o Ministério Público poderá propor ao investigado acordo de não persecução penal quando, cominada | Art. 28-A. Não sendo caso de arquivamento e tendo o investigado confessado formal e circunstancialmente a prática de infração penal sem violência |

| | |
|---|---|
| pena mínima inferior a 4 (quatro) anos e o crime não for cometido com violência ou grave ameaça a pessoa, o investigado tiver confessado formal e circunstancialmente a sua prática, mediante as seguintes condições, ajustadas cumulativa ou alternativamente: | ou grave ameaça e com pena mínima inferior a 4 (quatro) anos, o Ministério Público poderá propor acordo de não persecução penal, desde que necessário e suficiente para reprovação e prevenção do crime, mediante as seguintes condições ajustadas cumulativa e alternativamente: |
| I – reparar o dano ou restituir a coisa à vítima, salvo impossibilidade de fazê-lo;<br>II – renunciar voluntariamente a bens e direitos, indicados pelo Ministério Público como instrumentos, produto ou proveito do crime;<br>III – prestar serviço à comunidade ou a entidades públicas por período correspondente à pena mínima cominada ao delito, diminuída de um a dois terços, em local a ser indicado pelo Ministério Público;<br>IV – pagar prestação pecuniária, a ser estipulada nos termos do art. 45 do Código Penal, a entidade pública ou de interesse social a ser indicada pelo Ministério Público, devendo a prestação ser destinada preferencialmente àquelas entidades que tenham como função proteger bens jurídicos iguais ou semelhantes aos aparentemente lesados | I - reparar o dano ou restituir a coisa à vítima, exceto na impossibilidade de fazê-lo;<br><br>II - renunciar voluntariamente a bens e direitos indicados pelo Ministério Público como instrumentos, produto ou proveito do crime;<br><br>III - prestar serviço à comunidade ou a entidades públicas por período correspondente à pena mínima cominada ao delito diminuída de um a dois terços, em local a ser indicado pelo juízo da execução, na forma do <u>art. 46 do Decreto-Lei nº 2.848, de 7 de dezembro de 1940 (Código Penal)</u>;<br><br>IV - pagar prestação pecuniária, a ser estipulada nos termos do <u>art. 45 do Decreto-Lei nº 2.848, de 7 de dezembro de 1940 (Código Penal)</u>, a entidade pública ou de interesse social, a ser |

| | |
|---|---|
| pelo delito;<br>V –cumprir outra condição estipulada pelo Ministério Público, desde que proporcional e compatível com a infração penal aparentemente praticada. | indicada pelo juízo da execução, que tenha, preferencialmente, como função proteger bens jurídicos iguais ou semelhantes aos aparentemente lesados pelo delito; ou<br><br>V - cumprir, por prazo determinado, outra condição indicada pelo Ministério Público, desde que proporcional e compatível com a infração penal imputada. |
| § 1º Não se admitirá a proposta nos casos em que:<br>I –for cabível a transação penal, nos termos da lei;<br>II –o dano causado for superior a vinte salários mínimos ou a parâmetro econômico diverso definido pelo respectivo órgão de revisão, nos termos da regulamentação local;<br>III –o investigado incorra em alguma das hipóteses previstas no art. 76, § 2º, da Lei nº 9.099/95;<br>IV –o aguardo para o cumprimento do acordo possa acarretar a prescrição da pretensão punitiva estatal;<br>V –o delito for hediondo ou equiparado e nos casos de incidência da Lei nº 11.340, de 7 de agosto de 2006;<br>VI –a celebração do acordo não atender | § 2º O disposto no **caput** deste artigo não se aplica nas seguintes hipóteses:<br><br>I - se for cabível transação penal de competência dos Juizados Especiais Criminais, nos termos da lei;<br><br>II - se o investigado for reincidente ou se houver elementos probatórios que indiquem conduta criminal habitual, reiterada ou profissional, exceto se insignificantes as infrações penais pretéritas;<br><br>III - ter sido o agente beneficiado nos 5 (cinco) anos anteriores ao cometimento da infração, em acordo de não persecução penal, transação penal ou suspensão condicional do processo; e<br><br>IV - nos crimes praticados no âmbito |

| | |
|---|---|
| ao que seja necessário e suficiente para a reprovação e prevenção do crime. | de violência doméstica ou familiar, ou praticados contra a mulher por razões da condição de sexo feminino, em favor do agressor.<br><br>(O § 1º do art. 28-A corresponde ao § 13 da Resolução n. 181/2017) |
| § 2º A confissão detalhada dos fatos e as tratativas do acordo serão registrados pelos meios ou recursos de gravação audiovisual, destinados a obter maior fidelidade das informações, e o investigado deve estar sempre acompanhado de seu defensor. | Sem equivalente |
| § 3º O acordo será formalizado nos autos, com a qualificação completa do investigado e estipulará de modo claro as suas condições, eventuais valores a serem restituídos e as datas para cumprimento, e será firmado pelo membro do Ministério Público, pelo investigado e seu defensor. | § 3º O acordo de não persecução penal será formalizado por escrito e será firmado pelo membro do Ministério Público, pelo investigado e por seu defensor. |
| § 4º Realizado o acordo, a vítima será comunicada por qualquer meio idôneo, e os autos serão submetidos à apreciação judicial. | § 9º A vítima será intimada da homologação do acordo de não persecução penal e de seu descumprimento. |
| Sem equivalente | § 4º Para a homologação do acordo de não persecução penal, será realizada |

| | audiência na qual o juiz deverá verificar a sua voluntariedade, por meio da oitiva do investigado na presença do seu defensor, e sua legalidade. |
|---|---|
| § 5º Se o juiz considerar o acordo cabível e as condições adequadas e suficientes, devolverá os autos ao Ministério Público para sua implementação. | § 6º Homologado judicialmente o acordo de não persecução penal, o juiz devolverá os autos ao Ministério Público para que inicie sua execução perante o juízo de execução penal. |
| § 6º Se o juiz considerar incabível o acordo, bem como inadequadas ou insuficientes as condições celebradas, fará remessa dos autos ao procurador-geral ou órgão superior interno responsável por sua apreciação, nos termos da legislação vigente, que poderá adotar as seguintes providências:<br>I –oferecer denúncia ou designar outro membro para oferecê-la;<br>II –complementaras investigações ou designar outro membro para complementá-la;<br>III –reformular a proposta de acordo de não persecução, para apreciação do investigado;<br>IV –manter o acordo de não persecução, que vinculará toda a Instituição. | § 5º Se o juiz considerar inadequadas, insuficientes ou abusivas as condições dispostas no acordo de não persecução penal, devolverá os autos ao Ministério Público para que seja reformulada a proposta de acordo, com concordância do investigado e seu defensor.<br><br>§ 7º O juiz poderá recusar homologação à proposta que não atender aos requisitos legais ou quando não for realizada a adequação a que se refere o § 5º deste artigo.<br><br>§ 8º Recusada a homologação, o juiz devolverá os autos ao Ministério Público para a análise da necessidade de complementação das investigações ou o |

|  |  |
|---|---|
|  | oferecimento da denúncia. |
| § 7º O acordo de não persecução poderá ser celebrado na mesma oportunidade da audiência de custódia. | Sem equivalente |
| § 8º É dever do investigado comunicar ao Ministério Público eventual mudança de endereço, número de telefone ou e-mail, e comprovar mensalmente o cumprimento das condições, independentemente de notificação ou aviso prévio, devendo ele, quando for o caso, por iniciativa própria, apresentar imediatamente e de forma documentada eventual justificativa para o não cumprimento do acordo. | Sem equivalente |
| § 9º Descumpridas quaisquer das condições estipuladas no acordo ou não observados os deveres do parágrafo anterior, no prazo e nas condições estabelecidas, o membro do Ministério Público deverá, se for o caso, imediatamente oferecer denúncia. | § 10. Descumpridas quaisquer das condições estipuladas no acordo de não persecução penal, o Ministério Público deverá comunicar ao juízo, para fins de sua rescisão e posterior oferecimento de denúncia. |
| §10 O descumprimento do acordo de não persecução pelo investigado também poderá ser utilizado pelo membro do Ministério Público como justificativa para o eventual não oferecimento de suspensão condicional do processo. | § 11. O descumprimento do acordo de não persecução penal pelo investigado também poderá ser utilizado pelo Ministério Público como justificativa para o eventual não oferecimento de suspensão condicional do processo. |

| | |
|---|---|
| § 11 Cumprido integralmente o acordo, o Ministério Público promoverá o arquivamento da investigação, nos termos desta Resolução. | § 13. Cumprido integralmente o acordo de não persecução penal, o juízo competente decretará a extinção de punibilidade. |
| § 12 As disposições deste Capítulo não se aplicam aos delitos cometidos por militares que afetem a hierarquia e a disciplina. | Sem equivalente |
| § 13 Para aferição da pena mínima cominada ao delito, a que se refere o caput, serão consideradas as causas de aumento e diminuição aplicáveis ao caso concreto. | § 1º Para aferição da pena mínima cominada ao delito a que se refere o **caput** deste artigo, serão consideradas as causas de aumento e diminuição aplicáveis ao caso concreto. |
| Sem equivalente | § 14. No caso de recusa, por parte do Ministério Público, em propor o acordo de não persecução penal, o investigado poderá requerer a remessa dos autos a órgão superior, na forma do art. 28 deste Código. |

A redação do art. 18, *caput* e incisos, da resolução n. 181/2017 e do art. 28-A do CPP, *caput* e incisos, é muito parecida. Houve mudança na localização de algumas palavras, sem alteração no conteúdo. A condição de que o acordo seja necessário e suficiente para a prevenção do crime, por exemplo, não estava no *caput* do art. 18 da resolução, mas no inciso VI do § 1º. Ao ser incorporado pela lei n. 13.964/2019, passou a constar no *caput* do art. 28-A.

Situações que necessitavam de previsão legislativa, como o recurso em sentido estrito contra a decisão que não homologa o acordo, não constavam na resolução n. 181/2017.

A lei n. 13.964/2019 deixou de estipular um limite quanto ao valor da reparação do dano, como constava na resolução n. 181/2017, art. 18, § 1º, inciso II, segundo a qual o acordo não seria cabível caso o dano fosse superior a 20 salários-mínimos. Atualmente o acordo independe do valor do prejuízo.

Não foi repetida pela lei a preocupação quanto à fluência do prazo de prescrição enquanto se aguarda o cumprimento do acordo, que constava na resolução (art. 18, § 1º, inciso IV), até porque durante o prazo de cumprimento do acordo não corre a prescrição (art. 116, IV, do Código Penal). Como uma resolução do CNMP não podia suspender o prazo da prescrição punitiva, era compreensível esse cuidado.

O art. 28-A do CPP não renovou o impedimento de fazer acordo quando o crime for hediondo ou equiparado, que constava no art. 18, § 1º, inciso V, da resolução n. 181/2017. Em face disso, o fato de se tratar de crime hediondo, ou equiparado, por si só não mais obsta a realização do acordo.

Outra diferença é que no regime da resolução n. 181/2017 a homologação do acordo pelo juiz não ocorria em audiência, exigência feita no § 4º do art. 28-A do CPP.

A resolução n. 181/2017 previa que o Ministério Público seria o responsável pela implementação do acordo, quer dizer, pela sua execução. Com a lei n. 13.964/2019 isso mudou. Agora, seu cumprimento se dará perante a vara de execução penal, a pedido do Ministério Público.

No sistema da resolução n. 181/2017, quando o juiz não homologava o acordo, remetia os autos ao Procurador-Geral. Atualmente, conforme o art. 28-A, § 8º, recusada a homologação, o juiz devolverá os autos ao próprio órgão do Ministério Público que o apresentou, para adequações ou oferecimento de denúncia.

Diante da falta de previsão legal, tornou-se incabível celebrar o acordo durante a audiência de custódia, como previa a resolução n. 181/2017. Ademais, a audiência de custódia tem uma finalidade específica, devendo se limitar à análise da prisão e das suas circunstâncias. Não é o momento para discutir cláusulas de acordo, até porque a investigação criminal, via de regra, não estará concluída.

Como a comprovação do cumprimento das condições do acordo se dará perante o juiz da execução, tornou-se desnecessária a previsão do art. 18, § 8º, da resolução n. 181/2017, não repetida no art. 28-A do CPP.

A proibição de acordo em relação aos crimes militares não foi repetida pela lei, mas a jurisprudência entende que a adoção de penas alternativas não é admissível nos crimes militares.

Houve revogação total da resolução n. 181/2017 do CNMP pelo art. 28-A do Código de Processo Penal, que regulou inteiramente o tema. Além disso, a resolução não serve para interpretar ou suprir pontos omissos da lei n. 13.964/2019, tendo perdido a validade, a não ser para reger os pactos celebrados enquanto esteve em vigor.

2.5 Generalidades

O acordo de não persecução penal é um tipo de pacto feito com o Estado no qual o autor de um delito, nos crimes cuja pena mínima é inferior a 4 anos, aceita a imposição imediata de penas restritivas de direito para evitar a ação penal. Depois de homologado e cumprido, a pretensão punitiva do Estado será extinta.

Como regra, o condenado por crime praticado sem violência ou grave ameaça, cuja pena não ultrapassa 4 anos, terá sua pena privativa de liberdade substituída por restritivas de direitos. Os condenados a penas superiores a 4 anos e inferiores a 6 cumprirão pena em regime semiaberto, em colônia agrícola, industrial ou estabelecimento similar. Já os condenados a penas superiores a 8 anos iniciarão seu cumprimento em regime fechado, em estabelecimento de segurança máxima ou média.

Assim, o acordo vale somente para crimes nos quais os acusados, se condenados, teriam suas penas privativas de liberdade substituídas por restritivas de direito. Abreviam-se todas as etapas processuais (denúncia, resposta à acusação, instrução, diligências, alegações finais, sentença), com um evidente ganho de tempo e economia de recursos humanos. Nos acordos os investigados são encorajados a admitir os elementos do crime e sua participação.

O acordo deve ser celebrado por escrito e apresentado formalmente ao juízo para constar do conjunto dos autos e também para facilitar a fiscalização quanto ao cumprimento das condições. De preferência, deve ser redigido com antecedência ao ato judicial em que for apresentado e, em caso de celebração em audiência, o termo de assentada respectivo deverá ser conservado. As negociações que não resultem em acordo e suas propostas devem ser mantidas em arquivo. É inadmissível a participação do juiz na negociação dos termos do acordo, salvo alguma manifestação quando for apresentado em audiência.

O investigado deve sempre ser notificado pessoalmente para dizer se aceita ou não a proposta. Não basta apenas a concordância do seu defensor. O advogado não pode decidir sem a manifestação ou contra a vontade do imputado.

## 2.6 (Des)necessidade da confissão

O art. 28-A do CPP exige a confissão formal e circunstanciada da infração penal para que o interessado possa celebrar o acordo. Contudo, embora o investigado se *declare culpado*, ele *não será ser considerado culpado* pela prática do crime, por força do art. 5º, LVII da Constituição Federal.

Conforme a Constituição, art. 5º, LVII, "ninguém será considerado culpado até o trânsito em julgado de sentença penal condenatória." Assim, para que alguém seja considerado culpado de um crime no Brasil é preciso que haja uma sentença penal condenatória.

Ainda que seja possível renunciar ao direito de presunção de inocência, podendo o acusado confessar em juízo a prática de um crime e ser condenado, a confissão extrajudicial do autor do delito é completamente desnecessária para realizar o acordo, pois o suspeito não será condenado por crime algum.

A decisão que homologa o acordo de não persecução penal não tem natureza condenatória, mas meramente homologatória.[17] Como consequência, essa decisão não possui os mesmos efeitos de uma sentença condenatória, tais como: a) tornar certa a obrigação de indenizar o dano causado pelo crime (art. 91, I, CP); b) perda dos instrumentos e do produto do crime (art. 91, II, CP); c) perda de cargo ou função pública (art. 92, I); d) perda ou suspensão de direitos políticos (art. 15, III, da CF).

Após o cumprimento das condições aceitas no acordo o investigado continuará sendo considerado inocente da prática do crime. Ora, se ele será considerado inocente, qual a necessidade de se declarar culpado?

A declaração formal de culpa (*gulty plea*) faz sentido no sistema do direito penal norte-americano, porque lá o indivíduo é condenado pela prática do crime. O réu é condenado por um juiz e a condenação é registrada em seus antecedentes criminais. Ficará, inclusive, impedido de votar. A declaração de culpa serve como prova da autoria do delito e fundamenta a imposição da pena, previamente negociada e aceita pelo réu.

Mas, no sistema processual penal brasileiro, o acordo não tem os efeitos de uma sentença penal. A celebração e o cumprimento do pacto não constarão da certidão de antecedentes criminais. Uma vez cumprido, o juiz declarará extinta a punibilidade. A pretensão punitiva do Estado não foi exercida e não mais poderá ser, assim como ocorre nas transações dos juizados especiais criminais.

Ademais, para fazer o acordo não é necessário haver certeza quanto à autoria, que é a finalidade da confissão, pois o investigado não será condenado.

O requisito legal de confissão de culpa contraria o princípio da presunção de inocência. A lei não pode exigir que alguém se declare culpado de um crime pelo qual ainda será considerado inocente. Como, mesmo após o cumprimento do acordo, o suspeito é considerado inocente, não faz sentido exigir que ele confesse o delito perante o Ministério Público.

---

17 Conforme decidido pelo STF, em entendimento perfeitamente aplicável ao acordo de não persecução penal, as consequências jurídicas extrapenais previstas no art. 91 do Código Penal são decorrentes de sentença penal condenatória. Tal não ocorre, portanto, quando há transação penal (art. 76 da Lei 9.099/1995), cuja sentença tem natureza meramente homologatória, sem qualquer juízo sobre a responsabilidade criminal do aceitante. (Tese definida no RE 795.567, rel. Min. Teori Zavascki, P, j. 28-5-2015, DJE 177 de 9-9-2015, Tema 187.).

Demandar do investigado que ele se declare culpado é um constrangimento inconstitucional, desnecessário e desproporcional. O acordo pode perfeitamente ser celebrado sem declaração de culpa.

Como observou a Suprema Corte dos Estados Unidos, "uma admissão de culpa (*plea of guilty*) difere em propósito e efeito de uma mera admissão ou uma confissão extrajudicial; ela é uma condenação em si."[18]

Em defesa da obrigatoriedade da confissão pode-se alegar que ela justifica a redução do prazo de prestação de serviços à comunidade. No acordo a prestação de serviços equivale à pena mínima do crime reduzida de 1/3 a 2/3. A confissão sempre constituiu uma atenuante genérica prevista no Código Penal. A diminuição do tempo de prestação de serviços acompanharia esse princípio.

Mas, se for para seguir tal diretriz, a confissão não deve ser um requisito para o investigado celebrar o acordo, assim como não é para ser condenado. Ela até serve de fundamento para um desconto maior no tempo de prestação de serviços, porém jamais para realizar a avença.

Na verdade, o desconto na pena é o principal motivo para dispensar o processo, o maior incentivo para fazê-lo. O particular celebra o acordo em busca de uma redução na pena que em tese receberia se fosse condenado.

A confissão também não é necessária para tornar certa a autoria do delito. É imprescindível que o inquérito policial ou o procedimento de investigação criminal tenha provas suficientes da autoria, o que torna a confissão dispensável. O uso da expressão "não sendo caso de arquivamento", no início do art. 28-A, do CPP, indica que a apuração deve estar concluída ou bem adiantada e aponte o autor do crime. Isso é fundamental para evitar que pessoas inocentes realizem um acordo sem que haja provas de sua participação no delito.

---

[18] *Kerchaval v. United States*, 274 U.S. 220, 223 (1927).

Dessa forma, a exigência de confissão em acordo de não persecução penal fere o princípio da proporcionalidade. Não é uma condição: a) adequada, pois não haverá mudança no *status* do investigado, que continuará sendo considerado inocente; b) necessária, vez que no acordo inexiste condenação que requeira prova incontest da autoria do crime, podendo ser celebrado sem confissão; c) proporcional em sentido estrito, por repugnar ao sentimento de justiça impor algo irrelevante.

2.7 Declarações do investigado

Durante as negociações de um acordo de não persecução penal o investigado pode:

1) Confessar a prática do crime.

A lei usa a expressão "tendo o investigado confessado formal e circunstancialmente a prática da infração penal", fazendo da confissão um pressuposto para a realização do acordo.

A confissão circunstanciada é uma forma de verificar se existe base fática para a declaração de culpa, se o suspeito sabe de qual crime está sendo acusado e se tem plena consciência disso.

Não há, contudo, necessidade de se detalhar pormenorizadamente a prática do delito, pois o investigado não será julgado nem condenado. Isso não é necessário para o Ministério Público avaliar se o suspeito merece o acordo. O merecimento pode ser apreciado com base nas circunstâncias objetivas da prisão, depoimento das testemunhas, da vítima e consequências do delito. Embora a lei peça uma confissão formal e detalhada, não exige qualquer demonstração de arrependimento.

A declaração de culpado supre a falta de prova direta de autoria. Ainda que isso seja válido, o investigado há de confessar porque quis, por vontade própria, não por pressão do Ministério Público. O ideal é que o Ministério Público sempre aja de forma fundamentada, somente celebrando o acordo quando tiver provas suficientes da autoria e da materialidade do crime.

Assim, presentes indícios de autoria, admite-se que seja dada oportunidade para o suspeito confessar, como uma forma de expiação. Se não o fizer voluntariamente, não é correto que a acusação o ameace com a propositura de ação penal, com uma pena maior do que a sugerida no acordo. Constituiria desonestidade (pois sem prova suficiente da autoria a ação penal provavelmente será julgada improcedente), atitude incompatível com agentes do Estado.

Se o suspeito não concordar em fazer um acordo, por vontade própria, aceitando voluntariamente o castigo pelo crime cometido, o órgão do Ministério Público deve pedir o arquivamento do inquérito ou dar prosseguimento às investigações.

Uma das principais críticas feitas ao acordo penal consiste na possibilidade de alguém confessar um crime que não cometeu, por receio de uma pena maior caso seja processado. Daí a importância de existirem outras provas além da confissão do suspeito. Se o acusado não confessar e não fizer o acordo o caso deve ser arquivado.

A declaração de culpado também é necessária caso haja delação premiada, quando o confitente deseja uma redução da pena ao revelar ao Ministério Público informações úteis à condenação de outros criminosos.

Na hipótese da confissão na esfera policial ter sido obtida mediante coação ou tortura, isso não impossibilita uma declaração válida de culpa no acordo, com assistência de um advogado. O investigado pode posteriormente confessar de maneira válida perante o Ministério Público. A ilicitude da prova produzida no inquérito não contamina o acordo de não persecução penal.

2) Não confessar nem negar a culpa, aceitando a responsabilidade pelo delito.

A confissão do investigado é fundamental quando não há outras provas da autoria do crime. Nessa situação, é necessário que o acusado confesse, a fim de celebrar o acordo. Todavia, se existem provas de autoria, a confissão torna-se desnecessária e o acordo pode ser celebrado inclusive mediante a alegação de *nolo contendere* (sem contestação).

É verdade que a declaração de culpa facilita a prova da autoria, dispensa ou reforça outras provas. Serviria ainda para justificar a redução da pena de prestação de serviços à comunidade de um a dois terços. A redução seria uma espécie de prêmio pela confissão. Quem pratica um crime e não confessa, não colabora para o esclarecimento da verdade, parece não merecer um tratamento privilegiado por parte do Estado.

Acontece que a exigência de confissão é estranha ao sistema de justiça penal negociada em vigor no Brasil até o nascimento do acordo de não persecução. O suspeito não precisa confessar para fazer uma transação penal ou obter um *sursis* processual. A admissão de culpa não é um requisito para estes acordos. Sem confessar pode celebrar ambos, ficando obrigado a cumprir algumas penas alternativas.

Alega-se que a confissão demonstra arrependimento pela prática do crime. Mas isso não é verdade. Um indivíduo pode confessar um delito sem demonstrar qualquer remorso. E o arrependimento não é um requisito legal.

A declaração de culpa é de grande valia no sistema norte-americano do *plea bargain*, no qual é proferida uma condenação. Todavia, no sistema brasileiro a confissão torna-se desnecessária, pois o investigado não será considerado culpado por nada. A confissão perde sua utilidade principal, que é tornar certa a autoria de um delito.

Fazer um acordo para imposição de penas alternativas com um réu que não confessou não deveria parecer estranho, pois a transação penal e a suspensão condicional do processo sempre foram celebrados sem qualquer necessidade de confissão.

Alguns crimes trazem uma especial infâmia para seus autores, a exemplo da importunação sexual (art. 215-A do CP) e do assédio sexual (art. 216-A do CP). Ainda que autor não queira confessá-los, por vergonha, pode desejar fazer o acordo.

Em suma, quando não houver outra prova de autoria do delito, a confissão circunstanciada do autor pode ser considerada necessária para confirmar a autoria do delito. Contudo, quando houver outras provas da autoria, a confissão torna-se desnecessária, devendo ser admitida a alegação de *nolo contendere*.

3) Negar a culpa, mas aceitar a responsabilidade pela prática do crime.

A declaração expressa de inocência abre margem a questionamentos morais que recomendam a não realização do acordo.

Ao confessar o suspeito confirma que praticou determinado delito, tornando moral e juridicamente fundamentada a aplicação das penas previstas no pacto feito com a promotoria. A confissão serve como prova do delito, reforçando indícios existentes.

Na hipótese de declaração de *nolo contendere* a promotoria deve sempre possuir provas da autoria do crime, vez que não há uma confissão formal do réu.

Mas, se o investigado negar a culpa, havendo provas de que cometeu o delito, entendemos incabível o acordo. Além da exigência legal da confissão, é contrário ao princípio de justiça que alguém que se declara inocente cumpra algum tipo de penalidade em razão de um crime que não teria praticado.

Se o suspeito de um delito se declara inocente deve provar sua inocência no processo judicial. Repugna o senso comum que alguém seja penalizado por um crime que não cometeu. Portanto, a celebração do acordo mostra-se inadequada.

2.8 Acordo e transação penal

Conforme decidiu o Supremo Tribunal Federal no RE 795567, não é possível impor à transação penal, prevista na lei dos juizados especiais, os efeitos próprios da sentença penal condenatória. A transação penal tem natureza meramente homologatória, sem qualquer juízo sobre a responsabilidade criminal do aceitante.

O mesmo entendimento aplica-se ao acordo de não persecução penal. A decisão proferida neste tem natureza meramente homologatória, não significa condenação e não pode produzir os efeitos típicos desta. A transação penal e o acordo são institutos semelhantes.

Não é possível que um mesmo crime seja objeto de transação penal e acordo de não persecução penal, porque o primeiro só é cabível nos crimes de menor potencial ofensivo, da competência dos juizados especiais criminais, enquanto o segundo vale para crimes de médio potencial ofensivo, da competência da justiça comum. A lei deixa claro que o acordo não se aplica se for cabível transação penal de competência dos juizados especiais criminais (art. 28-A, § 2º, inciso I, do CPP).

A prática de um crime anterior, da competência do juizado especial criminal, impede a realização do acordo de não persecução penal, tanto se houver transação penal (art. 28-A, § 2º, III), como condenação (reincidência) (art. 28-A, § 2º, II).

## QUADRO COMPARATIVO

| Transação penal | Acordo de não persecução penal |
|---|---|
| Competência do juizado especial | Competência do juiz da vara comum |
| Crimes com pena máxima de até 2 anos | Crimes com pena mínima inferior a 4 anos |
| Não precisa confessar o delito | Precisa confessar a prática do crime |
| Liberdade do Ministério Público para escolher a pena restritiva de direito aplicável, bem como sua duração | A lei estabeleceu expressamente como condição as penas de prestação de serviço à comunidade e de prestação pecuniária, que podem ser cumulativas ou alternativas, estabelecendo seus parâmetros |

| Não é necessário reparar o dano | É preciso reparar o dano, salvo impossibilidade de fazê-lo |

## 2.9 Acordo e *sursis* processual

O sursis processual está previsto no art. 89 da lei n. 9.099/95. É cabível para crimes com pena mínima igual ou inferior a 1 (um), sejam ou não da competência dos juizados especiais. Uma vez realizado, o processo ficará suspenso, ficando o réu sujeito a cumprir determinadas condições durante o período de prova. Expirado o prazo sem revogação será declarada a extinção da punibilidade do réu.

Um mesmo crime pode ser objeto de *sursis* processual ou de acordo de não persecução penal. Como este último é admissível para todos os crimes com pena mínima inferior a 4 anos, acaba abarcando as hipóteses de *sursis*. Ademais, não há proibição legal de fazer um acordo de não persecução em casos em que seja cabível também a suspensão condicional do processo. O § 1º do art. 28-A do CPP declara que o descumprimento do acordo pode servir de fundamento para não oferecer a suspensão condicional do processo. Isso só faz sentido quando, num crime suscetível de *sursis* processual ou acordo, este seja celebrado primeiro e venha a ser descumprido, de forma que ainda seja possível a suspensão do processo.

O *sursis* processual é mais benéfico que o acordo, pois: a) não prevê expressamente a imposição das penas de prestação de serviço à comunidade e de prestação pecuniária; b) não necessita de confissão do investigado; c) não anuncia categoricamente a renúncia de bens e direitos como condição. Além disso, ficam excluídos do acordo os delitos praticados mediante violência ou grave ameaça, restrição que não consta para a suspensão condicional do processo.

A escolha entre o acordo de não persecução penal e *sursis* processual não deve ser deixada à total discricionariedade do membro do Ministério Público. A princípio, há de ser oferecido o que for mais benéfico ao autor do delito. O *sursis* processual é mais vantajoso, daí porque deve ser celebrado preferencialmente. Se o investigado estiver sendo processado por outro crime (situação impeditiva do *sursis*), parte-se para o acordo de não persecução.

Na prática forense criminal observamos que algumas vezes o membro do Ministério Público entendia adequado impor, como condição da suspensão condicional do processo, as penas de prestação de serviços à comunidade e de prestação pecuniária, mesmo sem estarem expressamente previstas no art. 89 da lei n. 9.099/95. E a jurisprudência aceitou. Segundo o STJ, não há óbice de que se estabeleçam, no sursis processual, obrigações equivalentes a sanções penais, como prestação de serviço à comunidade e penalidades pecuniárias.

Agora, a parir da vigência do art. 28-A do CPP, se o órgão do Ministério Público deseja estabelecer como condição as penas de prestação de serviço à comunidade e prestação pecuniária, é melhor optar desde logo pelo acordo de não persecução penal, deixando para oferecer o *sursis* processual quando essas obrigações forem desnecessárias.

A criação do acordo de não persecução permite que o art. 89 da lei n. 9.099/95 volte a ser aplicado em sua pureza, sem penas alternativas. Estas são mais adequadas em sede de acordo de não persecução, onde há expressa previsão legal. Se o investigado não aceitar, ainda será possível apresentar as mesmas condições para a suspensão condicional do processo.

## QUADRO COMPARATIVO

| Sursis processual | Acordo de não persecução penal |
|---|---|
| Pena mínima de até 1 ano | Pena mínima menor que 4 anos |
| Não precisa confessar o delito | Precisa confessar o crime formal e circunstancialmente |
| Pressupõe denúncia oferecida e recebida | Não há oferecimento de denúncia |
| Sem restrição expressa para crimes | É incabível para crimes praticados |

| | |
|---|---|
| cometidos com violência ou grave ameaça | mediante violência ou grave ameaça |
| Não há previsão de pena de prestação de serviços à comunidade ou prestação pecuniária | Há imposição de penas de prestação de serviços à comunidade e/ou prestação pecuniária |
| Prazo de 2 a 4 anos | Prazo varia de acordo com a pena homologada no acordo |
| Não cabe *sursis* se o acusado estiver sendo processado | É possível acordo se o acusado estiver sendo processado, salvo se isso indicar conduta criminal habitual, reiterada ou profissional |
| É necessário reparar o dano, salvo impossibilidade de fazê-lo | É necessário reparar o dano ou restituir a coisa à vítima, salvo impossibilidade de fazê-lo |
| Não corre a prescrição durante o período de suspensão do processo | Não corre a prescrição enquanto não cumprido ou não rescindido o acordo |

Como se vê acima, existem diversas diferenças entre a suspensão condicional do processo e o acordo de não persecução. Mas elas não deveriam existir. Ambos fazem parte do sistema de aplicação negociada de sanções penais. O correto é que seguissem as mesmas regras, mas não é o que acontece.

Alguns crimes admitem suspensão condicional do processo mas não permitem acordo de não persecução, mesmo tendo penas mínimas inferiores a 4 anos. Não são passíveis de acordo os delitos executados com violência ou grave ameaça. Todavia, caso as penas mínimas sejam iguais ou inferiores a 1 ano, caberá *sursis* processual, pois para estes não há esse impedimento. No Código Penal, são exemplos disso os crimes de constrangimento ilegal (art. 146 do CP), parte dos crimes contra a organização do trabalho (arts. 197, 198, 199), coação no curso do processo (art. 344), lesão corporal leve (art. 129, *caput*) e lesão corporal grave (art. 129, § 1º).

O correto seria elaborar um sistema lógico de direito penal negociado, adotando para as hipóteses de suspensão condicional do processo e acordo de não persecução penal regras semelhantes, excluindo aqueles delitos muito graves para os quais não se admita qualquer acordo.

2.10 Facultatividade do acordo

O acordo de não persecução penal não constitui direito público subjetivo do investigado. Como ocorre na transação penal e no *sursis* processual, o Ministério Público, presentes os requisitos legais, oferecerá uma proposta. Se não o fizer, precisa apresentar os motivos pelos quais se nega a fazê-lo. O entendimento jurisprudencial sobre a facultatividade do *sursis* processual aplica-se por analogia ao acordo de não persecução.[19]

No caso de recusa do Ministério Público em propor o acordo, o investigado pode requerer a remessa dos autos ao órgão superior da instituição, que avaliará as razões apresentadas. Se concordar com elas, manterá a negativa; se discordar, será designado outro órgão ministerial para negociar o acordo.

Mesmo quando em tese cabível, o pacto pode não ser celebrado, seja por falta de interesse do investigado, seja por não aceitação das condições propostas pelo Ministério Público, seja porque não é suficiente para a reprovação e prevenção do crime.

---

[19] "AGRAVO REGIMENTAL NO HABEAS CORPUS. SURSIS PROCESSUAL. SOLUÇÃO DE CONSENSO. AGRAVO REGIMENTAL DESPROVIDO.
1. "[A] suspensão condicional do processo não é direito subjetivo do acusado, mas sim um poder-dever do Ministério Público, titular da ação penal, a quem cabe, com exclusividade, analisar a possibilidade de aplicação do referido instituto, desde que o faça de forma fundamentada" (AgRg no AREsp n. 607.902/SP, relator Ministro GURGEL DE FARIA, QUINTA TURMA, julgado em 10/12/2015, DJe 17/2/2016) 2. No caso em tela, a negativa do oferecimento do benefício pelo Parquet teve como fundamento a "exacerbada reprovabilidade da conduta, notadamente por ter o agente, movido por intuito de vingança, se armado com faca para agredir vizinho, diante de moradores, no conjunto habitacional em que residiam".
3. Agravo regimental desprovido". (STJ,AgRg no HC 504074 / SP, Re. Ministro ANTONIO SALDANHA PALHEIRO, Sexta Turma, DJe 23/08/2019)

Mas o Ministério Público não tem total discricionariedade. Não pode se negar a fazer o acordo sem qualquer fundamentação. O investigado tem o direito de receber uma proposta, analisá-la, oferecer uma contraproposta, ou rejeitá-la. Tem o direito de saber porque a proposta de acordo não foi apresentada. O juízo discricionário do Ministério Público há de ser motivado.[20]

O Ministério Público deixará de propor o acordo quando não for suficiente para a reprovação e prevenção do crime, se o investigado for reincidente ou se houver elementos probatórios que indiquem conduta criminal habitual, reiterada ou profissional, exceto se insignificantes as infrações penais pretéritas. A transação penal igualmente pode deixar de ser proposta quando não indicarem os antecedentes, a conduta social e a personalidade do agente, bem como os motivos e as circunstâncias, ser necessária e suficiente a adoção da medida (art. 76, III, da lei n. 9.099/95).

2.11 Negociações

Ao contrário do contrato entre pessoas físicas, onde as partes se encontram no mesmo patamar, nos negócios firmados com pessoas jurídicas, estas geralmente se encontram numa posição superior. Essa situação é comum nos contratos entre consumidores e grandes empresas, que apresentam aos consumidores um contrato de adesão.

---

20 "PROCESSUAL PENAL. HABEAS CORPUS. ART. 3º, I, E ART. 4º, A, AMBOS DA LEI N. 4.898/65. NULIDADE. DETERMINAÇÃO DE INDICIAMENTO APÓS O RECEBIMENTO DA DENÚNCIA. CONSTRANGIMENTO ILEGAL EVIDENCIADO. TRANSAÇÃO E SUSPENSÃO CONDICIONAL DO PROCESSO. RECUSA DO MINISTÉRIO PÚBLICO DEVIDAMENTE JUSTIFICADA. AUSÊNCIA DOS REQUISITOS LEGAIS. RECURSO PARCIALMENTE PROVIDO.
I - Com o recebimento da denúncia, a princípio, não mais se justifica o indiciamento formal do acusado (precedentes).
II - O recorrente foi denunciado pela suposta prática dos crimes previstos no art. 3º, i, e no art. 4º, a, ambos da Lei n. 4.898/65, sendo-lhe negado o benefício da transação e da suspensão condicional do processo.
III - O Ministério Público, ao não ofertar os benefícios da Lei 9.099/95, deve fundamentar adequadamente a sua recusa. A recusa concretamente motivada não acarreta, por si, ilegalidade sob o aspecto formal (precedentes).
Recurso ordinário parcialmente provido apenas para anular a determinação judicial de indiciamento do recorrente e todos os efeitos dela decorrentes." (STJ,RHC 60445 / SP, Rel. Min. Felix Fischer, Quinta Turma,DJe 13/05/2016)

No contrato de adesão a vontade da parte mais fraca pouco vale, restando-lhe aderir ou não. Se não concordar, ficará sem aquilo que almejava. Se o sujeito nada mais puder fazer senão aceitar as cláusulas apresentadas pelo Ministério Público, tratar-se-á de um contrato de adesão, acompanhado de todos os vícios que essa espécie de contrato possui.

O acordo de não persecução penal não pode ser um mero contrato de adesão, com cláusulas previamente estabelecidas pelo Ministério Público, sem possibilidade de questionamento. É preciso permitir ao investigado discutir as condições do acordo, sob pena de ser considerado abusivo. As obrigações não devem ser impostas, sob a ameaça de uma pena maior, mas discutidas e aceitas voluntariamente. O acordo é uma forma de evitar a ação penal, não a condenação, algo completamente incerto.

Em toda negociação é preciso que haja respeito à vontade do investigado, deixando bem clara a alternativa de discutir em juízo as provas contra ele obtidas, a fim de buscar a absolvição.

## 2.12 Prestação de serviços à comunidade

Uma das condições do acordo consiste em prestar serviço à comunidade ou a entidades públicas por período correspondente à pena mínima cominada ao delito diminuída de um a dois terços, em local a ser indicado pelo juízo da execução.

O Ministério Público tem liberdade para estipular essa condição. Mas, quanto ao prazo da pena de prestação de serviços, a regra é aplicar a diminuição no máximo, de dois terços da pena mínima do delito, a não ser que existam motivos para uma redução menor, como a prática de crimes anteriores, circunstâncias do delito, má personalidade do agente, etc.

É preciso fundamentar porque a diminuição não foi pelo máximo permitido, assim como um juiz fundamenta, na sentença, porque aplicou uma pena superior ao mínimo legal.

Essa condição pode ter seu cumprimento inviabilizado após a homologação judicial. Suponha-se que um particular esteja executando uma prestação de serviços à comunidade estipulada em oito meses. Após quatro meses ele é preso preventivamente pela prática de outro crime, o que impossibilita a continuação do cumprimento do acordo.

O art. 44, § 5º, do Código Penal, aplicável por analogia, diz que o juiz converterá a pena em prisão, se houver impossibilidade de cumprimento da pena alternativa. Assim, na hipótese acima o Ministério Público deverá requerer a rescisão do acordo e depois oferecer denúncia, vez que não mais será possível sua execução.

2.13 Reparação do dano

A primeira condição para se realizar um acordo de não persecução penal é reparar o dano ou restituir a coisa à vítima, salvo impossibilidade. Ela tem natureza indenizatória e pode ser regulada pelo Código Civil.

Havendo dois ou mais autores do crime eles serão considerados devedores solidários, nos termos do art. 942 do CC, segunda parte, abaixo:

Art. 942. Os bens do responsável pela ofensa ou violação do direito de outrem ficam sujeitos à reparação do dano causado; e, se a ofensa tiver mais de um autor, todos responderão solidariamente pela reparação.

Como são devedores solidários, poderá ser exigido de um ou de alguns a dívida total ou parcialmente (art. 275 do CC). Se um deles pagar a dívida por inteiro, terá direito de exigir dos outros o que pagou além da sua cota, presumindo-se iguais as partes de cada devedor (art. 283 do CC).

Cabe compensação da dívida oriunda do dever de reparar o dano com algum crédito do investigado com a vítima?

A causa da dívida objeto do acordo de não persecução penal é um ato ilícito (crime) praticado pelo investigado. Mas dívidas resultantes de ato ilícito não podem ser objeto de compensação com outras de natureza contratual ou fiscal (art. 373, I, do CC)[21]. Assim, a vítima de uma fraude não deixará de receber os valores que perdeu se for devedora do autor do fato, pois não cabe compensação.

O mesmo raciocínio se aplica ao acordo de não persecução civil, pois também envolve um ato ilícito (improbidade administrativa)

A reparação do dano ou restituição da coisa à vítima nem sempre é possível. A impossibilidade de reparar o dano não impede a celebração do acordo, desde que devidamente justificada. Se o autor do delito não tem renda, ou recebe unicamente benefício assistencial, como bolsa-família, não possui condições econômicas de reparar o dano, o que equivale à impossibilidade.

Em casos de danos materiais elevados, o pagamento pode ocorrer de forma parcelada. Recomenda-se que o prazo não seja muito longo. O parcelamento do dano, em regra, deve ocorrer até o final do cumprimento da pena de prestação de serviços à comunidade. Se o autor do crime prestar 2 anos de serviços, nesse prazo quitará o débito.

Se não for imposta pena de prestação de serviços o prazo de parcelamento não há de ser superior ao da pena mínima prevista para o crime. Considerando que só cabe acordo para delitos com pena mínima inferior a 4 anos, o prazo máximo para pagamento deve ser 3 anos e 11 meses.

É inadequado usar o prazo de prescrição da pretensão punitiva do delito como limite para cumprimento do acordo, pois esse prazo ficará suspenso durante a fase de

---

[21] Diz o art. 373, I, do Código Civil:

Art. 373. A diferença de causa nas dívidas não impede a compensação, exceto:

I - se provier de esbulho, furto ou roubo;

A interpretação do dispositivo tem sido alargada para impedir a compensação por débito decorrente de qualquer tipo de ato ilícito (TARTUCE, 2013, p. 379).

execução. Não há que se falar, por outro lado, de prescrição da pretensão executória, pois não foi proferida qualquer condenação.

2.14 Renúncia voluntária a bens e direitos

Uma das condições previstas no art. 28-A, II, do CPP, é a renúncia voluntária a bens e direitos indicados pelo Ministério Público como instrumentos, produto ou proveito do crime.

Como no acordo de não persecução penal não há condenação, os instrumentos utilizados na prática do delito, assim como o proveito do agente, não são confiscados e poderiam permanecer com o autor do delito. Para evitar isso o legislador determinou que uma das condições do acordo seja a renúncia voluntária a esses bens.

Os instrumentos do crime serão encaminhados à União. O produto ou proveito obtido pertencem ao lesado ou ao terceiro de boa-fé. A renúncia será imprescindível quando o instrumento do crime consistir em coisa cujo fabrico, uso ou porte consistir em fato ilícito (art. 91, II, letras "a" e "b" do CP, aplicável por analogia).

A renúncia abrange direitos adquiridos com a prática criminosa. Exemplo: um indivíduo participa de exame público (OAB) utilizando-se de artifício fraudulento e consegue aprovação. Se quiser fazer o acordo deverá renunciar ao direito de exercer a profissão de advogado e cancelar sua inscrição na OAB.

2.15 Prestação pecuniária

A prestação pecuniária consiste no pagamento em dinheiro à vítima, a seus dependentes ou a entidade pública ou privada com destinação social, de importância fixada pelo juiz, não inferior a 1 salário mínimo nem superior a 360 salários mínimos (art. 45, § 1º, do CP).

Mas no acordo de não persecução penal a prestação pecuniária não pode ser destinada à vítima. Diferente do que consta no art. 45, § 1º, do CP, o art. 28-A do CPP não previu a vítima como beneficiária, mas só entidades públicas e de interesse social.

2.16 Cumulação de penas alternativas

Não é necessário que sejam acumuladas as penas de prestação de serviço à comunidade e prestação pecuniária. Admite-se que sejam aplicadas de forma alternativa, quer dizer, prestação de serviço ou prestação pecuniária. É preciso constar no acordo ao menos uma das duas.

O art. 44, §2º, do Código Penal diz que se a condenação for inferior a 1 ano, cabe multa ou pena restritiva de direitos; se superior a 1 ano, multa mais 1 pena restritiva de direitos ou 2 restritivas de direito. Acontece que se o crime tem pena mínima de até 1 ano é mais adequado propor a suspensão condicional do processo. Quanto aos crimes com pena superior a 1 ano, o art. 28-A do CPP não prevê aplicação de multa. A multa é sanção tipicamente penal, que decorre de uma sentença penal condenatória. Por isso é inaplicável em sede de acordo. Neste cabe apenas prestação pecuniária, espécie de pena alternativa.

Como o art. 28-A do CPP diz que a prestação de serviço e a prestação pecuniária podem ser aplicadas de forma cumulativa ou alternativa (a parte final do artigo diz "condições ajustadas cumulativa *e* alternativamente", um claro erro de redação), não é preciso aplicar de forma analógica o art. 44, §2º, do CP, pois aquele artigo não possui nenhuma omissão a ser sanada por analogia.

A análise do caso concreto indicará qual pena alternativa é a mais adequada. É preciso levar em conta a situação econômica do investigado. Se não possuir boa condição financeira, o mais correto é prestar apenas serviços à comunidade. E se não tem como reparar o dano, não faz sentido que seja obrigado a pagar prestação pecuniária.

## 2.17 Concurso de crimes

Tendo sido praticado mais de um crime, em concurso material, as penas mínimas serão somadas e precisam ficar abaixo do limite de 4 anos para ser admissível o acordo. Se o concurso for formal ou tratar-se de delito continuado, essas causas de aumento de pena serão somadas à pena mínima (art. 28-A, §1º). Sobre as penas aumentadas incidirá a diminuição de 1/3 a 2/3 prevista no art. 28-A, III, do CPP.

Contudo, em muitos casos de concurso de crimes incidirá o princípio da consunção, de modo que o crime anterior (*ante factum*) ou posterior (*post factum*) não será punível. No caso de estelionato praticado contra o INSS, por exemplo, o crime de falso é absorvido pelo estelionato, conforme a Súmula 17 do STJ: "Quando o falso se exaure no estelionato, sem mais potencialidade lesiva, é por este absorvido". Já no caso da falsidade material de documento, seguida do uso, o autor responderá unicamente pela falsidade material, ficando absorvido o uso.

## 2.18 Violência contra mulher

O art. 28-A, § 2º, IV, do CPP, proibiu o acordo nos crimes praticados com violência doméstica ou familiar contra a mulher ou praticado contra mulher por razões da condição de sexo feminino. Para estes delitos também não é possível qualquer medida despenalizadora prevista nos juizados especiais, nos termos da súmula 536 do STJ: "A suspensão condicional do processo e a transação penal não se aplicam na hipótese de delitos sujeitos ao rito da Lei Maria da Penha.".

Ocorre que nenhum crime praticado mediante violência ou grave ameaça pode ser objeto de acordo de não persecução penal. Essa restrição encontra-se no *caput* do art. 28-A e vale para qualquer delito.

Há ainda a proibição de acordo quanto a crime praticado contra mulher por razões de condição do sexo feminino. É o caso do crime de perseguição qualificada, previsto no art. 147-A, § 1º, II do CP[22].

O legislador, porém, não demonstrou a mesma preocupação em relação a crimes praticados contra alguém por causa da sua condição de homem, homossexual, criança, idoso, deficiente, dentre outras possíveis vítimas que igualmente podem ser objeto de preconceito e discriminação por conta de seu gênero, idade, preferência sexual, raça ou procedência nacional.

---

[22] Art. 147-A. Perseguir alguém, reiteradamente e por qualquer meio, ameaçando-lhe a integridade física ou psicológica, restringindo-lhe a capacidade de locomoção ou, de qualquer forma, invadindo ou perturbando sua esfera de liberdade ou privacidade.

Pena – reclusão, de 6 (seis) meses a 2 (dois) anos, e multa.

§ 1º A pena é aumentada de metade se o crime é cometido:

I – contra criança, adolescente ou idoso;

II – contra mulher por razões da condição de sexo feminino, nos termos do § 2º-A do art. 121 deste Código;

## 3. ASPECTOS PROCESSUAIS

### 3.1 Acordo durante a ação penal

Entendemos incabível o acordo após o início da ação penal pública com o recebimento da denúncia pelo juiz. Há várias razões para defendermos esse entendimento.

Primeiro, como o nome diz, o acordo de não persecução penal visa evitar a persecução penal em juízo, a abertura do processo. Se a ação penal foi iniciada, não há mais como evitá-la. Ocorre a chamada preclusão lógica, a perda da possibilidade de praticar determinado ato em razão da realização de outro com ele incompatível.

Se a denúncia foi oferecida mas o juiz ainda não a recebeu, o Ministério Público pode solicitar a sua devolução para análise da possibilidade do acordo, vez que a ação penal ainda não foi instaurada.

Mas, alguém pode perguntar, se o *sursis* processual é realizado após o recebimento da denúncia, sendo possível até a sentença, porque o acordo não cabe depois de recebida a denúncia?

O acordo de não persecução e o *sursis* processual são institutos diferentes. A suspensão condicional do processo, prevista no art. 89 da lei n. 9.099/95, pressupõe o oferecimento e o recebimento da denúncia. Aceitas suas condições, o processo ficará suspenso. Daí porque é possível até o encerramento do processo. Sentenciado o feito, ocorrerá preclusão.[23]

A lei indica que o acordo de não persecução penal só pode ser celebrado antes da ação. Diz o art. 28-A, *caput*, do CPP que *não sendo caso de arquivamento* e tendo o *investigado* confessado formal e circunstancialmente, o Ministério Público poderá

---

23 "Este Superior Tribunal de Justiça, no tocante ao sursis processual previsto no art. 89 da Lei 9.099/95, entende que o inconformismo com a ausência de propositura do benefício deve ser alegado antes da prolação da sentença condenatória, sob pena de operar-se os efeitos preclusivos. Precedentes." (STJ, AgRg no REsp 1.503.569/MS, j. 04/12/2018)

propor acordo de não persecução penal. O art. 28-A deixa claro o momento para propor o acordo: logo após encerrada a investigação criminal, se não for caso de arquivamento, passa-se à análise da viabilidade do acordo.

Além disso, a lei usa a expressão *investigado* quando se refere à pessoa que pode firmar o pacto. Esse termo é utilizado no *caput* do art. 28-A, no § 2º, inciso II, no § 3º, no § 4º, no § 5º, no § 11 e no § 14. A lei só muda o termo no inciso III do § 2º, ao usar a expressão *agente*.

Sabe-se que investigado é o suspeito de um crime objeto de apuração num inquérito policial ou procedimento investigatório criminal. Quem é investigado ainda não é réu em ação penal. Quisesse a lei dar a entender que também seria cabível o acordo após o início da ação penal, teria usado os termos *acusado* e/ou *réu*. Todavia, em nenhum momento a lei usou as palavras acusado ou réu, de modo que somente cabe o acordo para pessoas investigadas, não para réus.

Ademais, quando o acordo não é homologado pelo juiz, será devolvido para o Ministério Público a fim complementar as investigações ou oferecer denúncia (art. 28-A, § 8º). Mas isso somente será possível se a ação penal não houver sido instaurada. E mais. Se forem descumpridas as condições do acordo, o Ministério Público deverá comunicar ao juízo para sua rescisão e posterior oferecimento da denúncia (art. 28-A, § 10). Este dispositivo só faz sentido se a denúncia ainda não houver sido oferecida e recebida.

Outra prova de que o legislador, no art. 28-A do CPP, não permitiu a realização do acordo após recebida a denúncia, está no corpo do projeto de lei n. 882/2019, que deu origem à reforma processual conhecida como Pacote Anticrime.

No projeto de lei encaminhado originariamente pelo governo constava o acréscimo do art. 395-A ao CPP, cujo *caput* dizia o seguinte:

Art. 395-A. Após o recebimento da denúncia ou da queixa e até o início da instrução, o Ministério Público ou o querelante e o acusado, assistido por seu defensor, poderão requerer mediante acordo penal a aplicação imediata das penas.

O projeto de lei n. 882/2019 criava um acordo específico para processos em andamento. Por esse motivo o art. 28-A do CPP não fez referência a réus ou ações penais em tramitação, pois para estas estava reservado o art. 395-A. A exposição de motivos do PL 882/2019, produzida pelo Ministro da Justiça, autor do projeto, leva à mesma conclusão, conforme se percebe no seguinte trecho:

> O art. 395-A. aumenta as hipóteses e disciplina a prática de acordos que poderão ser requeridos pelo Ministério Público ou pelo querelante e o acusado, assistido por seu defensor. A situação aqui é diferente da justificada para o art. 28-A., porque pressupõe a existência de denúncia já recebida.

Ocorre que o art. 395-A foi retirado do texto final aprovado no Congresso Nacional e encaminhado à sanção do Presidente da República. A supressão do art. 395-A pelos parlamentares mostra que não há base legal para a celebração do acordo de não persecução penal após o recebimento da denúncia.

Tudo isso demonstra que o acordo de não persecução penal deve preceder o início da ação penal. Os dispositivos legais citados não levam a outra conclusão.

Argumentam alguns que o acordo é uma medida despenalizadora, benéfica aos acusados, por isso deve ser aplicado de forma abrangente, inclusive aos que estão sendo processados, em qualquer fase do processo ou mesmo em sede de recurso.

Porém, dizer simplesmente que se trata de uma medida despenalizadora é um argumento vago. Um ato processual tem o momento certo para ser praticado, sob pena de preclusão.

Ademais, o fato do acordo permitir a imposição negociada de uma pena de prestação de serviço à comunidade (correspondente à pena mínima cominada ao delito reduzida de um a dois terços), não faz dele algo necessariamente mais benéfico, pois outras condições, mais gravosas, podem ser acrescentadas no compromisso.

O acordo pode ser mais benéfico ou não. Essa análise é subjetiva. A incerteza inerente a qualquer processo judicial leva à indeterminação do resultado do julgamento. Sempre haverá uma probabilidade, mesmo mínima, de absolvição. Não se pode prever o futuro de modo a saber se o acusado será absolvido ou condenado. Se não há garantia de condenação não é correto afirmar que o acordo é mais benefício ao acusado. Trata-se de uma suposição.

O fato do cumprimento de um acordo penal levar à extinção da punibilidade também não faz dele algo mais benéfico. A extinção da punibilidade ocorrerá pelo cumprimento de todas as condições previstas. Declarar que a punibilidade se extingue pelo cumprimento do compromisso nada tem extraordinário. Ademais, não é o acordo que extingue a punibilidade, mas a decisão judicial que atesta a satisfação das condições.

Outro argumento em prol do acordo após o início da ação penal é que o § 2º do art. 28-A, que trata das situações nas quais não se admite a medida, não veda expressamente sua celebração durante o processo. Porém, fazer o acordo durante a ação corresponde à criação de uma nova hipótese de suspensão condicional do processo, sem qualquer previsão legal.

Ainda que o § 2º do art. 28-A não proíba, de forma expressa, a realização de acordo após o início da ação penal, seria uma nova hipótese de suspensão da ação penal além das previstas em lei, contrariando o princípio da indisponibilidade da ação penal pública previsto no CPP: "Art. 42. O Ministério Público não poderá desistir da ação penal." Exclusivamente nas hipóteses expressamente previstas em lei uma ação penal pode deixar de ser proposta ou suspensa.

A respeito do assunto o Supremo Tribunal Federal fixou a seguinte tese: "o acordo de não persecução penal (ANPP) aplica-se a fatos ocorridos antes da Lei nº 13.964/2019, desde que não recebida a denúncia"(STF, AgRg no HC 191.464-SC, Rel Min. Roberto Barroso, Primeira Turma, DJe 26-11-2020).

Depois disso o Superior Tribunal de Justiça passou a não mais admitir a aplicação do acordo após o recebimento da denúncia: "No que tange à aplicação retroativa do Acordo de Não Persecução Penal (ANPP), introduzido no nosso ordenamento jurídico pela Lei nº 13.964/2019 (art. 28-A e seguintes do Código de Processo Penal), a Quinta Turma deste Superior Tribunal de Justiça já decidiu que, embora o benefício processual penal possa ser aplicado aos fatos anteriores à vigência da lei, a denúncia não pode ter sido recebida, o que não ocorre na hipótese dos autos"[24].

Apesar de tudo isso, a 2ª Câmara de Coordenação e Revisão do Ministério Púbico Federal tem orientação no sentido da possibilidade do oferecimento de acordos de não persecução no curso da ação penal.[25]

3.2 Aplicação imediata

Nos casos de suspensão do processo e do prazo prescricional determinada pelo art. 366 do CPP (se o acusado, citado por edital, não comparecer, nem constituir advogado, ficarão suspensos o processo e o curso do prazo prescricional), a jurisprudência entendeu que essa norma não deveria retroagir, porque a suspensão da prescrição prejudica o réu.

Qualquer coisa que faça parar de fluir o prazo de prescrição (ou o interrompa, de modo que ele volte a correr novamente), é prejudicial ao autor do crime, quer antes, quer após o início da ação penal. Por isso, uma norma nesse sentido não pode retroagir.

---

[24] STJ, AgRg no REsp 1898529/RS, Rel. Ministro Ribeiro Dantas, Quinta Turma, DJe 15/03/2021.
[25] Enunciado n. 98 da 2ªCCR/MPF: "É cabível o oferecimento de acordo de não persecução penal no curso da ação penal, isto é, antes do trânsito em julgado, desde que preenchidos os requisitos legais, devendo o integrante do MPF oficiante assegurar seja oferecida ao acusado a oportunidade de confessar formal e circunstancialmente a prática da infração penal, nos termos do art. 28-A do CPP, quando se tratar de processos que estavam em curso quando da introdução da Lei nº 13.964/2019, conforme precedentes, podendo o membro oficiante analisar se eventual sentença ou acórdão proferido nos autos configura medida mais adequada e proporcional ao deslinde dos fatos do que a celebração do ANPP. Não é cabível o acordo para processos com sentença ou acórdão após a vigência da Lei nº 13.964/2019, uma vez oferecido o ANPP e recusado pela defesa, quando haverá preclusão.". Já o Enunciado n. 20 do CNPG/CNCCRIM diz que só é legítimo até a denúncia: "Cabe acordo de não persecução penal para fatos ocorridos antes da vigência da Lei nº 13.964/2019, desde que não recebida a denúncia."

Segundo o art. 116, IV, do CP, não corre a prescrição enquanto não cumprido ou rescindido o acordo de não persecução penal. Como suspender a prescrição é ruim para o investigado, o acordo de não persecução pode ser aplicado a crimes cometidos antes de sua entrada em vigor?

Sim. O acordo depende de manifestação da vontade do interessado, não é algo imposto unilateralmente, como a suspensão do processo determinada pelo art. 366 do CPP. O acordo de não persecução penal é um contrato, não uma lei, dependendo sempre da manifestação de vontade do investigado, daí porque aplica-se a crimes ocorridos antes dele.

O investigado pode achar o pacto mais benéfico por evitar todo o trâmite processual, produção de provas e interrogatório, e aceitar a imposição imediata de penas substitutivas. Mas a sentença que homologa o acordo não tem efeito retroativo.

3.3 Suspensão da prescrição

O art. 116, IV, do Código Penal diz que não corre a prescrição "enquanto não cumprido ou não rescindido o acordo de não persecução penal." Foi criada uma nova causa de suspensão da prescrição punitiva em razão do acordo. Porém, a lei não esclareceu a partir de qual momento ocorrerá a suspensão.

A primeira hipótese é que a prescrição seja suspensa na data da assinatura do compromisso pelo Ministério Público, investigado e seu defensor. Acontece que a mera assinatura do pacto não garante que ele será homologado. O juiz recusará a homologação quando não atendidos os requisitos legais ou forem inadequadas, insuficientes ou abusivas as condições impostas, devolvendo os autos ao Ministério Público. Enquanto não homologado, o acordo não poderá ser cumprido.

Portanto, é incorreto considerar suspensa a prescrição na data da assinatura do pacto, pois este poderá ser alterado, por provocação judicial, ou até mesmo não ser homologado. Nesse último caso, cabe recurso do Ministério Público contra a decisão que recusou a homologação. Mas se o recurso não for provido o acordo nunca será homologado, a não ser que as partes o modifiquem.

O segundo momento no qual a suspensão da prescrição pode ocorrer é na data da homologação do acordo pelo juiz, na audiência especialmente designada para tal fim. Após homologado ele passa a ter força executória e é devolvido ao Ministério Público para dar início ao seu cumprimento perante o juiz da execução penal. Esse é momento para ser considerada suspensa a prescrição da pretensão punitiva.

A simples assinatura do acordo, sem homologação judicial, não produz efeito na fluência do prazo de prescrição da pretensão punitiva. O negócio jurídico é apto a produzir efeitos processuais mas precisa ser homologado. Não é o contrato que suspende a prescrição, mas a decisão que o homologa. Esta tem efeitos de uma decisão constitutiva, não meramente declaratória, porque somente a partir dela o acordo passa a ter validade e eficácia. É a decisão judicial que suspende a prescrição.

Uma terceira hipótese seria o início do cumprimento perante o juiz da execução. Todavia, para tanto não será preciso mais qualquer decisão. Basta um mero despacho do juiz, até do próprio juiz que homologou o acordo, quando este também for o juiz da execução. O pacto homologado possui todos os requisitos para ser cumprido, não havendo mais nenhum ato decisório relevante a ser proferido em seguida, salvo questões práticas como indicação do local da prestação de serviços à comunidade, entidade beneficiária da prestação pecuniária, etc.

Dessa forma, a suspensão da prescrição da pretensão punitiva ocorre na data da audiência que homologa o acordo, ou na data da decisão do tribunal que dá provimento ao recurso em sentido estrito apresentado pelo Ministério Público contra a decisão que não o homologou. Provido o recurso, o acórdão do tribunal terá o mesmo efeito da sentença que homologa o acordo, estando suspensa a partir de então a prescrição da pretensão punitiva. Aplica-se por analogia o entendimento dado ao acórdão do tribunal que dá provimento ao recurso em sentido estrito contra o não recebimento da denúncia: "Salvo quando nula a decisão de primeiro grau, o acórdão que provê o recurso contra a rejeição da denúncia vale, desde logo, pelo recebimento dela" (Súmula 709 do STF).

3.4 Custas

Não há custas decorrentes da homologação do acordo de não persecução penal. As custas judiciais são pagas pelo réu quando é condenado. Nos Estados Unidos da América, os réus que fazem acordos (*plea bargain*) pagam as custas processuais porque são considerados culpados por sentença.

No acordo de não persecução penal brasileiro, porém, o investigado não é condenado, de modo que não deve pagar custas.

Como regra, o acordo é celebrado antes da abertura do processo criminal, a denúncia sequer chega a ser oferecida. Sem processo, não há como haver condenação em custas, mesmo diante da confissão do acusado. Também não há previsão legal para cobrança de custas.

3.5 Recursos

Da decisão que não homologa o acordo de não persecução penal cabe recurso em sentido estrito, nos termos do art. 581, inciso XXV, do CPP:

Art. 581. Caberá recurso, no sentido estrito, da decisão, despacho ou sentença:
(...)
XXV - que recusar homologação à proposta de acordo de não persecução penal, previsto no art. 28-A desta Lei.

Contra a decisão que homologa apenas em parte o acordo, caberá igualmente recurso em sentido estrito, para reformar a parte que não homologou a avença. A situação é equivalente ao recebimento parcial da denúncia.

Já o recurso cabível contra a decisão que homologa o acordo é a apelação. Trata-se de uma decisão terminativa, com força de definitiva, mas que não julga o mérito, vez que não condena nem absolve, prevista no inciso II do art. 593 do CPP:

Art. 593. Caberá apelação no prazo de 5 (cinco) dias:

I - das sentenças definitivas de condenação ou absolvição proferidas por juiz singular;

II - das decisões definitivas, ou com força de definitivas, proferidas por juiz singular nos casos não previstos no Capítulo anterior;

As decisões com força de definitiva são apeláveis ainda que ponham fim ao processo sem resolver o mérito da ação penal. Não se trata de uma decisão interlocutória, como ocorre no *sursis* processual, mas de uma decisão terminativa com força de definitiva. É semelhante àquela que homologa a transação penal nos juizados especiais criminais, da qual também cabe apelação.

A apelação pode ser apresentada pelo Ministério Público ou pela defesa, para alegar a abusividade das condições impostas, vícios do consentimento ou outra ilegalidade.

É possível renunciar, no acordo, ao direito de recorrer. Mas não será possível renunciar ao direito de impetrar *habeas corpus*. Este é um remédio constitucional que visa corrigir atos manifestamente ilegais, sendo impossível renunciar totalmente a ele, pois existe um interesse público na regularidade do pacto firmado entre as partes.

Assim, ainda que no acordo haja renúncia expressa ao direito de recorrer, ilegalidades graves cometidas no compromisso poderão ser revistas em sede de *habeas corpus*.

Em síntese:

a) da decisão que recusar homologação à proposta de acordo cabe recurso em sentido estrito (decisão que não homologa o acordo, declarando-o nulo ou não) (art. 581, XXV, do CPP).

b) da decisão que homologa o acordo, rejeitando alegações de nulidade ou vício de consentimento, cabe apelação.

c) da decisão que, após homologado o acordo, declara-o nulo, cabe apelação (contra as decisões tomadas após a homologação).

Quanto ao cabimento de habeas corpus após a aceitação do acordo de não persecução penal, o Superior Tribunal de Justiça, em decisão monocrática, decidiu que: a) não há risco iminente à liberdade de locomoção, pois o debate de falta de justa causa para o oferecimento de denúncia somente ocorrerá em caso de descumprimento do acordo, em outras palavras, por evento futuro e incerto; b) um evento futuro e incerto ou mesmo o mero debate de teses jurídicas, ainda mais em supressão de instância, não configuram óbice ao direito constitucional à livre locomoção; c) aceitação do benefício do acordo de não persecução penal na audiência de homologação com posterior impetração de habeas corpus configura nítido comportamento contraditório e inadmissível (*nemo potest venire contra factum proprium*); d) como decorrência do disposto no art. 565 do Código de Processo Penal e da proibição de comportamento contraditório da parte, não se pode anular, na via estreita do habeas corpus, cujo rito sumário é incompatível com dilação probatória, sob a alegação de insignificância do delito, acordo proposto pelo Ministério Público, aceito pela paciente e seu defensor e devidamente homologado pelo juízo competente. A jurisprudência dos Tribunais Superiores não tolera a chamada "nulidade de algibeira" - aquela que, podendo ser sanada pela insurgência imediata da defesa após ciência do vício, não é alegada, como estratégia, numa perspectiva de melhor conveniência futura[26].

Contudo, o entendimento acima não é válido para casos de nulidade absoluta. O STJ admite o uso de habeas corpus para trancar inquérito policial quando o fato é atípico, a punibilidade estiver extinta ou não existirem indícios de autoria e materialidade do crime[27]. Assim, não tem porque não admitir habeas corpus para declarar a nulidade absoluta de um acordo que, da mesma forma que o inquérito, é anterior ao processo penal. A ameaça à liberdade de locomoção não precisa ser iminente. Essa exigência não consta no art. 5º, LXVIII, da Constituição.

---

[26] STJ, HC 61975-SP, Rel. Min. Félix Fischer, DJe/STJ nº 3047 de 15/12/2020.
[27] STJ, AgRg no HC 587.198/SP, Rel. Min. Nefi Cordeiro, Sexta Turma, DJe 14-09-2020.

O habeas corpus é uma ação constitucional que visa reparar ilegalidades flagrantes ou abuso de poder. Ele pode ser utilizado em situações evidentes de nulidade no acordo penal, como falta de tipicidade do fato, ausência de defesa técnica por advogado, simulação, dentre outras. O STJ, inclusive, já chegou a reconhecer em habeas corpus vício de consentimento em renúncia ao direito de apelar[28].

3.6 Acordo junto com a denúncia

Apesar de não ser proibido oferecer uma proposta de acordo junto com a denúncia, sem qualquer negociação anterior com o investigado, para, em não sendo aceita a proposta, o juiz analisar o recebimento da denúncia, esse procedimento é inadequado e contraria a finalidade do acordo de não persecução penal.

O acordo entre a acusação e a defesa deve ser negociado fora das vistas do juízo, unicamente entre as partes interessadas. O magistrado não participa dessa fase. Depois de debatidas e aceitas as cláusulas, o acordo assinado será enviado para homologação pelo juiz.

Mandar uma proposta a juízo sem que a mesma tenha sido discutida com a defesa demonstra má vontade do membro do Ministério Público, além de desinteresse em discutir suas condições. A audiência judicial é para análise da licitude do acordo, não para discutir cláusulas.

O oferecimento da denúncia acompanhada da proposta de acordo pode ser entendida como uma forma de pressionar o autor do delito a aceitar as condições formuladas unilateralmente pela acusação, caracterizando uma indevida pressão psicológica, pois dificulta o exercício do direito da defesa de negociar os termos do compromisso, vez que a audiência não é o local mais apropriado.

Assim, caso o acordo seja encaminhado a juízo sem estar devidamente concluído e assinado pelas partes, o juiz pode devolver os autos ao Ministério Público

---

[28] STJ, HC 96.300-SP, DJ 16-08-2000.

para que realize as devidas negociações com a defesa e só o encaminhe novamente quando estiver pronto e assinado.

Entretanto, excepcionalmente, havendo dificuldade de comunicação entre o Ministério Público e o particular, decorrente de distância física (ele reside em outra comarca ou outro Estado), ou impossibilidade de acesso ao prédio do Ministério Público por conta de restrições determinadas pelo governo (lockdown por conta da epidemia da Covid-19), admite-se que o promotor ou procurador encaminhe a proposta de acordo já assinada ao Judiciário, junto com a denúncia, requerendo a designação de audiência para sua apresentação à outra parte, como ocorre em relação ao *sursis* processual. Se o investigado aceitar, haverá homologação; se não aceitar, o juiz analisará o recebimento da denúncia.

3.7 Homologação judicial

Na audiência de homologação o juiz perguntará ao investigado se ele tem ciência da acusação e dos termos do acordo. Detalhará as condições constantes no contrato e verificará se tem conhecimento delas. O magistrado fará constar no termo de audiência a inquirição do imputado quanto ao entendimento da natureza da acusação e às consequências da admissão de culpa. Também deve verificar se há provas da materialidade e da autoria do delito.

A declaração de culpa precisa ser voluntária, livre de coerção ou falsas promessas. O investigado pode se retratar da declaração de culpa por qualquer motivo, desde que o faça antes da homologação da avença. Após isso é impossível a retratação.

O juiz pode homologar ou rejeitar o acordo. Se considerar inadequadas, insuficientes ou abusivas as condições impostas, devolverá o compromisso para adequações. Não é correto homologar parcialmente o acordo. Se o magistrado entender que precisa ser feita alguma alteração, deve devolver tudo.

A definição de condições inadequadas, insuficientes ou abusivas é algo subjetivo, de modo que se admite uma certa dose de discricionariedade na análise judicial, desde que permaneça dentro dos parâmetros legais.

Abusiva é a condição exagerada, excessiva. Por exemplo, uma pena pecuniária de valor elevado imposta a um réu pobre pode ser abusiva. Também é abusivo um investigado ser obrigado a prestar serviços à comunidade por tempo igual ao da pena mínima do delito, sem qualquer redução.

São inadequadas as condições que ferem direitos do investigado, que limitam indevidamente sua liberdade pessoal, como deixar de ir a lugares que não possuem relação com o delito praticado ou ser obrigado a frequentar cultos religiosos. Insuficientes são aquelas que ficam aquém do previsto em lei, como celebrar acordo sem previsão de reparar o dano, se não houver impossibilidade.

3.8 Concurso de pessoas

Num crime praticado em coautoria, se um dos autores tiver bons antecedentes e o outro for um criminoso contumaz, é possível celebrar o acordo de não persecução penal apenas com um deles?

Sim. Admite-se transação penal somente com um dos acusados, assim como proposta de *sursis* processual só para um dos réus. Os requisitos subjetivos para esses benefícios variam de pessoa para pessoa. Esse entendimento aplica-se ao acordo de não persecução penal, um instrumento de justiça penal negociada como os dois primeiros.

Porém, há alguns problemas. O primeiro é a exigência de confissão. A lei exige que o investigado confesse sua participação no crime. Ao fazê-lo ele poderá delatar o outro autor do delito. E o Ministério Público provavelmente vai querer usar o depoimento do delator como prova no processo contra o coautor que não fez o acordo.

Nessa situação, para garantir de forma adequada o uso das informações prestadas pelo delator na ação contra o outro acusado, é preferível que seja firmado com aquele um acordo de delação premiada, onde ficarão corretamente detalhadas as obrigações do delator (dentre as quais identificar os demais coautores), bem como os benefícios que receberá (redução de pena ou até mesmo perdão judicial).

Sempre que houver interesse do Ministério Público em usar a confissão de um dos investigados como meio de prova contra quem não celebrou o acordo, recomenda-se que seja realizado um contrato de colaboração premiada[29].

De qualquer forma, o sujeito beneficiado em acordo de não persecução penal pode ser ouvido como informante no processo contra os demais coautores. Mas seu depoimento não valerá como prova testemunhal (ele tem interesse na condenação dos demais para confirmar a veracidade da sua confissão).

Outro ponto diz respeito à reparação do dano. É possível que surjam divergências no momento de delimitar o valor pelo qual cada um coautores ficará responsável.

Uma solução é dividir o valor total do débito em partes iguais. Aquele que fizer o acordo pagará uma das cotas ideais e essa quantia será abatida na condenação final que atinja os outros envolvidos. Porém, pode ser difícil calcular a responsabilidade financeira de cada um dos coautores se um deles alegar participação em menor grau ou que obteve proveito inferior.

De outra banda, se mais à frente os coatores forem absolvidos ou tiverem a punibilidade extinta pela prescrição (é patente a lentidão do processo penal brasileiro), eles nada terão que pagar, salvo se responsabilizados no juízo cível. O

---

[29] A colaboração premiada está prevista, dentre outras, nas leis n. 9.807/99 e 12.850/93.

coautor que celebrou o acordo, quitou sua parte e cumpriu as condições que lhe foram impostas pode sentir-se injustiçado. É estranho que acusados pela prática do mesmo crime recebam tratamento penal diferente.

Tudo isso recomenda que se evite celebrar o acordo de não persecução apenas com um dos autores do delito. O melhor é que todos tenham o mesmo tratamento processual.

3.9 Danos morais

É condição para fazer o acordo a reparação do dano ou restituição da coisa à vítima. Uma vez realizada a reparação do dano material, não há razão para a vítima propor ação civil para reparar essa espécie de dano.

Contudo, é possível que tenham existido danos morais. A vítima pode propor uma ação civil cobrando danos morais, fundamentada nas provas colhidas no procedimento de investigação, principalmente a declaração de culpa do autor do delito.

Justamente para evitar essa responsabilização civil posterior, nos Estados Unidos alguns acusados preferem apresentar uma declaração de *nolo contendere* (sem contestação).

Sabe-se que compete ao Ministério Público indicar na denúncia um valor mínimo como reparação de danos materiais e morais sofridos pela vítima (art. 387, IV, do CPP ). Segundo a jurisprudência, a reparação de danos materiais ou morais depende de pedido expresso, com indicação de valor e prova suficiente. Sendo admissível a reparação de danos morais no processo criminal, a princípio não há impedimento para que ocorra também no acordo de não persecução penal. Isso encerrará a discussão no âmbito civil.

Acontece que o dano moral é de difícil quantificação. Para saber seu valor é necessário ouvir a vítima. Para o investigado ressarcir o dano moral deve haver aceitação da vítima quanto ao valor, bem como renúncia expressa em propor qualquer ação posterior no juízo civil. O ofendido precisa ser chamado para participar das negociações e assinar o pacto junto com o investigado e o Ministério Público. Porém, o ingresso da vítima nas negociações acarretará atraso e maior dificuldade em se chegar a um consenso.

Nos crimes onde a vítima é pessoa jurídica de direito público fica mais complicado ainda, pois será necessário chamar o representante da pessoa jurídica em tese afetada (União, Estado ou Município) para participar do ajuste. O Ministério Público não pode dispensar o comparecimento do procurador do ente público, pois não representa essas pessoas, que têm advogados próprios. O advogado da União, procurador do Estado ou do Município, deverá ainda renunciar à ação de reparação de danos morais coletivos contra o investigado, mas pode ser necessária autorização do Governador, do Prefeito, ou mesmo uma lei.

Outro problema é que a confissão feita pelo investigado no acordo não vale como prova absoluta para fins de posterior ingresso de ação civil. O acordo de não persecução não tem o mesmo efeito de uma condenação, não torna certa a obrigação de reparar o dano causado pelo crime.

Ademais, a confissão feita pelo investigado perante o Ministério Público não é suficiente para fundamentar posterior condenação em ação de reparação de danos morais no juízo civil. Segundo o art. 76, § 6º, *in fine*, da lei 9.099/95, aplicável por analogia, a aceitação da proposta de transação penal não tem efeitos civis:

> Art. 76. Havendo representação ou tratando-se de crime de ação penal pública incondicionada, não sendo caso de arquivamento, o Ministério Público poderá propor a aplicação imediata de pena restritiva de direitos ou multas, a ser especificada na proposta.
>
> (...)
>
> § 4º Acolhendo a proposta do Ministério Público aceita pelo autor da infração, o Juiz aplicará a pena restritiva de direitos ou multa, que não importará em

reincidência, sendo registrada apenas para impedir novamente o mesmo benefício no prazo de cinco anos.

(...)

§ 6º A imposição da sanção de que trata o § 4º deste artigo não constará de certidão de antecedentes criminais, salvo para os fins previstos no mesmo dispositivo, e não terá efeitos civis, cabendo aos interessados propor ação cabível no juízo cível.

A transação penal e o acordo de não persecução possuem a mesma natureza, constituem formas de solução penal negociada, de maneira que as normas legais que os disciplinam podem ser aplicadas por analogia um ao outro quando houver omissão.

Pelo exposto conclui-se que: 1) em tese é possível a reparação por danos morais no acordo de não persecução penal, devendo ser convocada a vítima para indicar o valor que entende aceitável; 2) o pagamento de danos morais no acordo implicará em renúncia pela vítima de posterior ação no juízo civil; 3) a convocação da vítima para participar do acordo acarretará maior dificuldade de se chegar a um consenso durante a negociação, de modo que sua conveniência precisa ser avaliada pelo Ministério Público; 4) não é recomendável prever a reparação por danos morais coletivos no acordo, visto que será necessário convocar o representante da pessoa jurídica interessada, que deverá renunciar a posterior ação civil de reparação de danos; 5) a confissão feita pelo investigado no acordo não faz prova absoluta da autoria do crime, sua homologação não torna certa a obrigação de reparar o dano nem tem efeitos civis, por aplicação analógica do art. 76, § 6º, da lei n. 9.099/95.

Desse modo, nem sempre será recomendável ouvir a vítima durante as negociações para incluir no acordo a reparação do dano moral.

3.10 Enunciados do CNPG/GNCCRIM

O Conselho Nacional de Procuradores-Gerais dos Ministérios Públicos dos Estados e da União-CNPG e o Grupo Nacional de Coordenadores de Centro de Apoio Criminal-GNCCRIM, a fim de contribuir com a atividade-fim dos membros do Ministério Público, produziram alguns enunciados para facilitar a interpretação da Lei nº 13.964/2019. Sobre o acordo de não persecução penal foram emitidos os enunciados abaixo.[30] Faremos breves comentários sobre cada um.

ENUNCIADO 19 (ART. 28-A, CAPUT)
O acordo de não persecução penal é faculdade do Ministério Público, que avaliará, inclusive em última análise (§ 14), se o instrumento é necessário e suficiente para a reprovação e prevenção do crime no caso concreto.

Discordamos em parte. Avaliar a possibilidade de um acordo não é uma mera faculdade, mas um poder-dever do Ministério Público, de modo que é preciso apresentar os motivos da recusa, até porque a negativa poderá ser apreciada pela instância superior do órgão.

ENUNCIADO 20(ART. 28-A)
Cabe acordo de não persecução penal para fatos ocorridos antes da vigência da Lei nº 13.964/2019, desde que não recebida a denúncia.

Concordamos totalmente.

ENUNCIADO 21(ART. 28-A, § 2º, II)
Não caberá o acordo de não persecução penal se o investigado for reincidente ou se houver elementos probatórios que indiquem conduta criminal habitual, reiterada ou profissional, exceto se insignificantes as infrações penais pretéritas, entendidas estas como delitos de menor potencial ofensivo.

---

[30] Grupo nacional de coordenadores do centro de apoio criminal (GNCCRIM). Enunciados interpretativos da lei anticrime. Disponível em:<https://www.cnpg.org.br/images/arquivos/gndh/documentos/enunciados/GNCCRIM_Enunciados.pdf>. Acesso: 07/05/2020).

Discordamos em parte. Se o investigado fez uma transação penal nos últimos 5 anos, não poderá celebrar o acordo, na forma do art. 28-A, III (agente beneficiado nos 5 anos anteriores ao cometimento da infração em transação penal). Sendo incabível o acordo se realizada uma simples transação penal, não faz sentido fazê-lo com alguém que foi condenado pela prática do crime de menor potencial ofensivo.

A expressão "salvo se insignificantes as infrações penais" refere-se a delitos aos quais se aplicou o princípio da insignificância. Ainda que arquivado o procedimento investigatório por insignificante a conduta, o registro do arquivamento poderia indicar conduta criminal habitual, mas isso não impedirá o acordo.

ENUNCIADO 22 (art. 28-A, § 2º, IV)

Veda-se o acordo de não persecução penal aos crimes praticados no âmbito de violência doméstica ou familiar, ou praticados contra a mulher por razões da condição de sexo feminino, bem como aos crimes hediondos e equiparados, pois em relação a estes o acordo não é suficiente para a reprovação e prevenção do crime.

Discordamos em parte. A vedação do acordo em relação aos crimes perpetrados mediante violência doméstica, constante do art. 28-A, § 2º, IV, é completamente desnecessária, pois o caput do art. 28-A traz como pressuposto para o acordo, em qualquer caso, que o delito não seja praticado mediante violência ou grave ameaça à pessoa.

Em relação aos crimes hediondos e equiparados, a lei não renovou a proibição que constava no art. 18, § 1º, inciso V, da resolução n. 181/2017 do CNMP. Ainda que os crimes hediondos tenham, como regra, penas mínimas superiores a 4 anos de reclusão, é possível que na modalidade tentada seja cabível o acordo.

Exemplo disso é o crime de furto qualificado pelo emprego de explosivo ou de artefato análogo que cause perigo comum (art. 155, § 4º-A do CP), que possui pena mínima de 4 anos de reclusão e foi incluído no rol dos delitos hediondos. Se esse delito for executado na modalidade tentada, caberá acordo de não persecução, avaliadas as demais circunstâncias do caso.

ENUNCIADO 23 (ART. 28-A, § 2º)
É cabível o acordo de não persecução penal nos crimes culposos com resultado violento, uma vez que nos delitos desta natureza a conduta consiste na violação de um dever de cuidado objetivo por negligência, imperícia ou imprudência, cujo resultado é involuntário, não desejado e nem aceito pela agente, apesar de previsível.

Concordamos integralmente. Esse enunciado é aplicável a crimes de homicídio culposo no trânsito (art. 302 do CTB), salvo se o agente estava embriagado, quando a pena mínima para o delito passa a ser de 5 anos de reclusão (art. 302, § 3º).

ENUNCIADO 24 (ART. 28-A, §§ 5º, 7º E 8º)
A homologação do acordo de não persecução penal, a ser realizada pelo juiz competente, é ato judicial de natureza declaratória, cujo conteúdo analisará apenas a voluntariedade e a legalidade da medida, não cabendo ao magistrado proceder a um juízo quanto ao mérito/conteúdo do acordo, sob pena de afronta ao princípio da imparcialidade, atributo que lhe é indispensável no sistema acusatório.

Discordamos. A sentença que homologa o acordo de não persecução penal tem natureza constitutiva, dá eficácia e validade ao acordo, servindo também como marco a partir do qual a prescrição da pretensão punitiva será suspensa. Além disso, o juiz pode avaliar se as condições são inadequadas, insuficientes ou abusivas, o que implica análise de mérito.

ENUNCIADO 25 (ART. 28-A, §§ 6º E 12)

O acordo de não persecução penal não impõe penas, mas somente estabelece direitos e obrigações de natureza negocial e as medidas acordadas voluntariamente pelas partes não produzirão quaisquer efeitos daí decorrentes, incluindo a reincidência.

Concordamos integralmente.

ENUNCIADO 26(ART. 28-A, § 10)
Deverá constar expressamente no termo de acordo de não persecução penal as consequências para o descumprimento das condições acordadas, bem como o compromisso do investigado em comprovar o cumprimento das condições, independentemente de notificação ou aviso prévio, devendo apresentar, imediatamente e de forma documentada, eventual justificativa para o não cumprimento de qualquer condição, sob pena de imediata rescisão e oferecimento da denúncia em caso de inércia (§ 10º).

Discordamos em parte. A fiscalização do cumprimento do acordo será feita pelo juiz da execução penal e pelo Ministério Público, devendo ser sempre dada oportunidade para o requerido, mediante notificação prévia, de justificar eventual descumprimento antes da rescisão do pacto.

ENUNCIADO 27(ART. 28-A, § 10)
Havendo descumprimento dos termos do acordo, a denúncia a ser oferecida poderá utilizar como suporte probatório a confissão formal e circunstanciada do investigado (prestada voluntariamente na celebração do acordo).

Discordamos. A confissão feita durante a negociação só tem validade para o próprio pacto. Ela sequer deve integrar os autos do inquérito policial que apurou o crime. Não serve como prova de autoria caso o acordo não seja realizado ou descumprido, perdendo a eficácia se retratada em juízo.

É bom lembrar que o juiz não pode utilizar como prova, exclusivamente, informações colhidas na fase de investigação, que abrange tudo aquilo que é realizado antes da denúncia, conforme o art. 155 do CPP: "o juiz formará sua convicção pela livre apreciação da prova produzida em contraditório judicial, não podendo fundamentar sua decisão exclusivamente nos elementos informativos colhidos na investigação, ressalvadas as provas cautelares, não repetíveis e antecipadas".

ENUNCIADO 28(ART. 28-A, § 13)
Caberá ao juízo competente para a homologação rescindir o acordo de não persecução penal, a requerimento do Ministério Público, por eventual descumprimento das condições pactuadas, e decretar a extinção da punibilidade em razão do cumprimento integral do acordo de não persecução penal.

Concordamos integralmente.

ENUNCIADO 29(ART. 28-A, § 1.º.)
Para aferição da pena mínima cominada ao delito a que se refere o artigo 28-A, serão consideradas as causas de aumento e diminuição aplicáveis ao caso concreto, na linha do que já dispõe os enunciados sumulados nº 243 e nº 723, respectivamente, do Superior Tribunal de Justiça e Supremo Tribunal Federal.

Concordamos integralmente.

## 4. INVALIDADE DO ACORDO DE NÃO PERSECUÇÃO PENAL

O acordo de não persecução penal não é um contrato administrativo regido pelo direito público, cuja principal característica é a supremacia do interesse da Administração, mas uma espécie de contrato privado firmado entre um particular e o Ministério Público, sujeito às regras previstas no Código de Processo Penal e no Código Civil.

O acerto de vontades entre o particular e o Ministério Público (Estado Administração) se submete ao regime de direito privado, no que não for incompatível com a disciplina traçada pelas normas processuais penais, porque as partes contratantes estão no mesmo patamar, de modo que a vontade de uma não pode prevalecer sobre a da outra. Isso decorre dos princípios da igualdade processual e da paridade de armas. O princípio da igualdade processual também deve ser aplicado na fase imediatamente anterior ao início do processo, ou seja, na celebração do acordo de não persecução penal, vez que este substitui o processo adversarial. Acusação e defesa se encontram em pé de igualdade para negociar suas condições, devendo ser assegurado pelo Ministério Público o necessário respeito aos direitos do investigado.

No acordo de não persecução penal o promotor ou o procurador dá o pontapé inicial no que diz respeito à escolha da punição apropriada ao autor do crime. O membro do Ministério Público precisa agir como um magistrado imparcial e não como acusador apaixonado.

Em razão da ausência de um regramento específico, o regime de invalidade do acordo de não persecução penal segue o disposto no Código Civil. Mas nem todas as hipóteses de nulidade ou anulação previstas no Código Civil se aplicam ao acordo penal. Diversas peculiaridades deste, como o fato de ser celebrado entre um particular e um órgão público, de não ter como objeto principal obrigações financeiras (a reparação do dano nem existe em alguns crimes), das obrigações das partes não se equivalerem monetariamente, levam à necessidade de adaptação das normas do direito civil, em especial das relativas aos vícios de consentimento.

4.1. Nulidade do acordo de não persecução penal

O acordo de não persecução penal será nulo quando forem desrespeitados preceitos de ordem pública, que são exigências legais inafastáveis. Estas dizem respeito aos elementos estruturais do acordo, como existência de um crime, celebração pelo Ministério Público, assistência do investigado por advogado, etc.

Um negócio jurídico nulo não deve produzir qualquer efeito. A nulidade pode ser alegada por qualquer interessado e a qualquer tempo: na audiência de homologação em primeiro grau ou perante um órgão judiciário superior. Há interesse público no seu reconhecimento.

São causas de nulidade do negócio jurídico, conforme os arts. 166 e 167 do Código Civil:

Art. 166. É nulo o negócio jurídico quando:

I - celebrado por pessoa absolutamente incapaz;

II - for ilícito, impossível ou indeterminável o seu objeto;

III - o motivo determinante, comum a ambas as partes, for ilícito;

IV - não revestir a forma prescrita em lei;

V - for preterida alguma solenidade que a lei considere essencial para a sua validade;

VI - tiver por objetivo fraudar lei imperativa;

VII - a lei taxativamente o declarar nulo, ou proibir-lhe a prática, sem cominar sanção.

Art. 167. É nulo o negócio jurídico simulado, mas subsistirá o que se dissimulou, se válido for na substância e na forma.

Listamos abaixo algumas situações de nulidade possíveis de ocorrer num acordo de não persecução penal:

a) acordo firmado com pessoa menor de 18 anos (inimputável sujeito às medidas previstas no Estatuto da Criança e do Adolescente);

b) o fato descrito no acordo evidentemente não constitui crime ou este prescreveu antes da homologação (ausência de pressuposto legal);

c) acordo celebrado em relação a crime que possua pena mínima igual ou superior a 4 anos (fraude à lei);

d) acordo simulado (fraude à lei);

e) acordo celebrado por quem não é membro do Ministério Público (falta de requisito legal);

f) acordo firmado sem a participação do defensor do investigado (ausência de requisito exigido em lei);

g) acordo em relação a crime de menor potencial ofensivo, cuja pena máxima não seja superior a 2 anos (competência absoluta do juizado especial);

h) acordo não homologado pelo juiz (falta de solenidade que a lei considera essencial);

i) acordo realizado sem qualquer das condições previstas no art. 28-A, incisos I a V do CPP (fraude à lei);

j) acordo celebrado com pessoa beneficiada, nos últimos 5 anos, em outro acordo, transação penal ou *sursis* processual, ou reincidente (pressupostos processuais negativos de natureza objetiva). A não obediência aos requisitos de natureza subjetiva previstos no art. 28-A, § 2º, II, do CPP, a nosso ver, não torna o acordo nulo, mas apenas anulável, pois envolvem conceitos jurídicos indeterminados (conduta criminal habitual, reiterada ou profissional). Exemplo: se o membro do Ministério Público foi induzido em erro sobre as condições pessoais do beneficiário caberá anulação por dolo do investigado. Mas se concordou conscientemente em realizar o acordo com pessoa possuidora de maus antecedentes é porque entendeu que não havia impedimento.

Analisaremos abaixo de forma mais detida algumas das hipóteses mencionadas acima.

4.1.1 Atipicidade do fato

Haverá nulidade do acordo se o fato nele descrito não for crime. Exemplo: um indivíduo depara-se com um veículo parado na rua, com as portas abertas e as chaves na ignição. Ele entra e usa o automóvel por algum tempo, devolvendo-o posteriormente no mesmo local, sem qualquer dano, com o tanque cheio e antes do dono do carro perceber a subtração. O indivíduo que realizou o passeio acaba sendo indiciado por furto. O inquérito segue para o Ministério Público, que celebra um acordo de não persecução penal com o autor. Ocorre que furto de uso não é crime no direito brasileiro. O acordo é nulo pois o fato que lhe serve de fundamento não configura um delito.

Outro exemplo de nulidade: um idoso analfabeto compra uma imitação de carteira nacional de habilitação na rua, na qual consta o nome do religioso Padre Cícero. Ele cola nela uma foto sua. Ao ser abordado pela polícia dirigindo um carro o indivíduo apresenta a CNH falsa aos policiais. Apesar da falsidade grosseira, o idoso é preso por uso de documento falsificado. Entretanto, não houve crime, por absoluta inidoneidade do meio utilizado [31]. Se o promotor de justiça realizar um acordo penal ele será nulo.

## 4.1.2 Insignificância do delito

O reconhecimento da insignificância elimina a própria tipicidade do fato, primeiro elemento para a existência de um crime. A ação é completamente irrelevante ou inócua, não chegando a configurar um delito.

Contudo, não existe uma definição jurídica precisa de quando um fato é insignificante para o direito penal. E existem crimes aos quais não se aplica o princípio da insignificância, a exemplo dos crimes contra a administração pública, conforme a Súmula n. 599 do STJ: "o princípio da insignificância é inaplicável aos crimes contra a administração pública".[32]

Segundo o STF, há quatro condições para se reconhecer um delito como insignificante: 1) mínima ofensividade da conduta; 2) inexistência de periculosidade social do ato; 3) reduzido grau de reprovabilidade do comportamento; 4) inexpressividade da lesão provocada.

---

[31] Diz o Código Penal: Art. 17 - Não se pune a tentativa quando, por ineficácia absoluta do meio ou por absoluta impropriedade do objeto, é impossível consumar-se o crime.

[32] A Sexta Turma do STJ, contudo, no julgamento do RHC 85272, afastou essa súmula e aplicou o princípio da insignificância a um acusado de destruir um cone de trânsito da PRF.

Verifica-se que a identificação de um delito como insignificante depende de uma avaliação subjetiva. Assim, se a defesa entende que ao crime praticado aplica-se o princípio da insignificância, não deve aceitar um acordo de não persecução penal; se o fizer estará aderindo ao posicionamento jurídico do Ministério Público. Uma vez firmado o acordo, a defesa não mais poderá requerer o reconhecimento de sua nulidade, em razão do princípio da boa-fé, que veda o comportamento contraditório das partes.

Se, todavia, existirem critérios objetivos, estabelecidos em lei ou na jurisprudência, apontando que um fato em tese delituoso, atendidas certas circunstâncias, mostra-se insignificante, ou se não houver dúvida sobre a insignificância do fato, será possível impugnar a validade do acordo mesmo depois de homologado.

### 4.1.3 Simulação

A simulação não é um vício do consentimento. É um vício social do negócio jurídico resultante de conluio entre as partes para fraudar a lei.

A hipótese mais provável de simulação num acordo de não persecução penal é a do art. 167, § 1º, II, do CC[33], ou seja, quando contiver declaração, confissão, condição ou cláusula não verdadeira. Dá-se através da inserção de informações falsas

---

[33] Art. 167. É nulo o negócio jurídico simulado, mas subsistirá o que se dissimulou, se válido for na substância e na forma.

§ 1º Haverá simulação nos negócios jurídicos quando:

I - aparentarem conferir ou transmitir direitos a pessoas diversas daquelas às quais realmente se conferem, ou transmitem;

II - contiverem declaração, confissão, condição ou cláusula não verdadeira;

no termo do acordo. Como na simulação há um acerto entre as partes será preciso que outro interessado requeira a nulidade.

Exemplo: um sujeito é indiciado em inquérito policial pelo crime de roubo. O inquérito é enviado ao Ministério Público. O promotor de justiça que recebe o caso, porém, tem uma forte relação de amizade com o investigado. Ele elabora um acordo alterando o fato para furto. Trata-se de uma declaração falsa, vez que o crime cometido foi de roubo. Se outro promotor descobrir a fraude e possuir as provas da simulação, poderá peticionar ao juiz requerendo a declaração de nulidade do acordo.

É preciso que exista a intenção de violar a lei (*v.g.* permitir um acordo para crime que não o admite) decorrente de conluio entre as partes. Havendo divergência jurisprudencial ou doutrinária sobre o correto enquadramento legal do fato, a tipificação escolhida pelo membro do Ministério Público, mesmo que acolhida minoritariamente, encontra-se dentro do exercício de sua independência funcional. Compete a ele dar ao fato a definição jurídica mais adequada, ainda que diversa da proposta pela autoridade policial.

Também haverá simulação se alguém assumir um crime praticado por outrem, com a ciência do membro do Ministério Público. Se um sujeito confessa um delito que não cometeu e o promotor de justiça sabe que ele não é seu autor, e mesmo assim faz um acordo para livrar o verdadeiro criminoso, existirá simulação.

Quem assume a autoria de um crime que não cometeu pratica o delito previsto no art. 341 do Código Penal: "Acusar-se, perante a autoridade, de crime inexistente ou praticado por outrem". Mas somente se considera nulo o acordo se a falsidade da declaração nele contida era de conhecimento da outra parte. Se o promotor não tinha conhecimento da mentira, incidiu em erro substancial sobre a identidade da pessoa, que autoriza a anulação do acordo por dolo da outra parte. De qualquer forma, a celebração da avença não impede que o verdadeiro culpado seja posteriormente processado.

Anulado o acordo por simulação, os responsáveis responderão pelos crimes de falsidade ideológica, prevaricação, dentre outros.

4.1.4 Ausência de advogado

É fundamental a presença do advogado do investigado durante a negociação do acordo de não persecução penal. A lei expressamente exige que este seja formalizado e firmado pelo defensor, que também deve participar da audiência de homologação pelo juiz (art. 28-A, §§ 3º e 4º, do CPP).

O objetivo da lei é evitar acordos leoninos. Contudo, sabe-se que a defesa pode ser mal conduzida, inclusive durante um processo penal, constituindo causa para a sua anulação, conforme a Súmula 523 do STF: "No processo penal, a falta da defesa constitui nulidade absoluta, mas a sua deficiência só o anulará se houver prova de prejuízo para o réu".

Desse modo, a ausência do advogado do investigado no momento da assinatura do acordo ou na audiência de homologação acarreta a sua total nulidade. Contudo, a mera presença do advogado do acusado não significa que o acordo está isento de máculas, como os vícios de consentimento. Estes serão analisados mais à frente.

4.1.5 Forma de alegar a nulidade

Contra as sentenças homologatórias de acordos exaradas no juízo cível cabe ação anulatória, conforme o art. 966, § 4º, do Código de Processo Civil:

Art. 966. A decisão de mérito, transitada em julgado, pode ser rescindida quando:

(...)

§ 4º Os atos de disposição de direitos, praticados pelas partes ou por outros participantes do processo e homologados pelo juízo, bem como os atos homologatórios praticados no curso da execução, estão sujeitos à anulação, nos termos da lei.

Surge então a dúvida se cabe ação declaratória de nulidade contra a sentença homologatória do acordo penal. Quanto a isso, alteramos o entendimento manifestado na 1ª edição deste livro e chegamos à conclusão que sim.

Embora os juízes civis não tenham competência para julgar ações contra decisões proferidas pelos juízes criminais, nada impede que estes anulem atos e acordos realizados em sua presença.

Ainda que o Código de Processo Penal não tenha previsto uma ação anulatória contra o acordo, as situações de invalidade podem ser apreciadas através de petição simples, instruída com as provas necessárias, aplicando-se por analogia o art. 966, § 4º, do CPC.

Assim, reformulamos nosso entendimento e concluímos que as hipóteses de nulidade podem ser apreciadas pelo próprio juiz responsável pela homologação. Se o juiz criminal tem competência para rescindir o acordo por descumprimento das condições impostas (art. 28-A, § 10, CPP), também tem competência para declarar sua nulidade, mesmo depois de homologado. Ademais, ao homologar o acordo, ele ainda não tinha conhecimento do defeito que o maculava.

Contra a decisão do juiz que acatar ou rejeitar o pedido de declaração de nulidade (de caráter terminativo), caberá recurso de apelação. Será legítima a impetração de *habeas corpus* se o vício for evidente e puder ser comprovado de plano.

Em resumo:

a) a nulidade poderá ser declarada de ofício pelo juiz, a qualquer tempo (é insanável), quer na audiência de homologação, quer depois.

b) se durante a audiência de homologação judicial qualquer das partes já tiver conhecimento da nulidade deve apresentar uma impugnação oral ou escrita. Da decisão que recusa a homologação cabe recurso em sentido estrito.

c) se não houve impugnação ao acordo durante a audiência de homologação, qualquer interessado poderá requerer posteriormente ao juiz que o homologou que declare sua nulidade, através de petição instruída com as provas cabíveis.

d) as hipóteses de nulidade absoluta podem ser alegadas em habeas corpus, com fundamento no art. 648, I e VI, do CPP. Exemplo: fato que evidentemente não constitui crime (mas havendo dúvida razoável sobre se o fato é crime ou não, deve prevalecer a tipificação escolhida no acordo).

4.2. Anulação do acordo de não persecução penal

O acordo penal é um contrato realizado por pessoas que devem ser tratadas como iguais. Ainda que o Ministério Público seja um órgão estatal, no processo penal ele é apenas uma das partes, a que acusa. Quem condena ou absolve é o juiz. O membro do Ministério Público e o advogado de defesa são técnicos que manejam a mesma arma: a argumentação jurídica.

O direito civil rege as relações entre iguais, ainda que dê uma atenção especial aos mais vulneráveis. Então, nada mais natural do que aplicar as regras do Código Civil ao acordo de não persecução penal, especialmente no que tange às hipóteses de anulabilidade. O ideal é que existissem normas específicas direcionadas aos autores de crimes, contudo, elas ainda não foram produzidas. Diante dessa ausência o Código Civil supre a lacuna. Seria muito pior deixar de aplicar qualquer lei e não reconhecer os vícios de consentimento nos acordos penais.

4.2.1 Vícios do consentimento

O emprego, durante as negociações do acordo, de dolo ou coação psicológica contra o investigado vicia a sua manifestação de vontade, tornando o compromisso passível de anulação. O acordo de não persecução penal é um contrato, de modo que podem existir nele os vícios de manifestação da vontade previstos no Código Civil, conforme o art. 171, inciso II, do Código Civil, abaixo:

> Art. 171. Além dos casos expressamente declarados na lei, é anulável o negócio jurídico:
>
> (...)
>
> II - por vício resultante de erro, dolo, coação, estado de perigo, lesão ou fraude contra credores.

Mas a anulabilidade do acordo por vício de consentimento traz uma série de particularidades. Primeira: o negócio pode ser confirmado pelas partes, de modo a permanecer válido. Para tanto basta sua confirmação tácita. Sobre esta última, diz o Código Civil, nestes termos:

> Art. 174. É escusada a confirmação expressa, quando o negócio já foi cumprido em parte pelo devedor, ciente do vício que o inquinava.

Assim, se a parte, ciente do vício de consentimento presente no acordo, começar a cumprir voluntariamente as condições nele estabelecidas, perderá o direito de impugná-lo, na forma do art. 175, *in verbis*:

> Art. 175. A confirmação expressa, ou a execução voluntária de negócio anulável, nos termos dos arts. 172 a 174, importa a extinção de todas as ações, ou exceções, de que contra ele dispusesse o devedor.

Acontece que se o acusado não cumprir o acordo ele será rescindido, nos termos do art. 28-A, § 10, do CPP, abaixo:

> Art. 28-A. *Omissis*.
>
> § 10. Descumpridas quaisquer das condições estipuladas no acordo de não persecução penal, o Ministério Público deverá comunicar ao juízo, para fins de sua rescisão e posterior oferecimento de denúncia.

Então, se o vício de consentimento já era conhecido do investigado no momento da audiência de homologação, ele precisa apresentar nessa oportunidade o pedido de anulação do pacto. Passado este momento ele não poderá mais questionar sua validade.

Se o investigado tomar ciência do vício somente após a audiência judicial, ele deve suspender seu cumprimento e peticionar imediatamente ao juízo requerendo a anulação.

Outro aspecto diz respeito ao prazo. Segundo o Código Civil, o prazo decadencial para requerer a anulação do negócio por vício de manifestação da vontade é de 4 anos, como consta a seguir:

Art. 178. É de quatro anos o prazo de decadência para pleitear-se a anulação do negócio jurídico, contado:

I - no caso de coação, do dia em que ela cessar;

II - no de erro, dolo, fraude contra credores, estado de perigo ou lesão, do dia em que se realizou o negócio jurídico;

O prazo decadencial (que não se interrompe nem se suspende) começa a contar do dia em que cessar a coação; nos demais vícios de consentimento da data da audiência de homologação, e não do dia em que foi assinada a proposta de acordo, pois só com a homologação judicial o negócio jurídico será válido e eficaz.

Quanto à fraude contra credores, ela é um vício social, não do consentimento. Por óbvio, não se aplica esse vício no acordo de não persecução penal.

Resumindo: os vícios de consentimento tornam o acordo de não persecução penal anulável (nulidade relativa). Esses vícios precisam ser provados pelas partes, não admitem reconhecimento de ofício pelo juiz e têm prazo decadencial de 4 anos. Ademais, permitem confirmação expressa ou tácita, de modo a preservar o contrato.

Veremos abaixo os principais vícios do consentimento e sua aplicabilidade.

### 4.2.2 Erro substancial

Diz o § 3º do art. 28-A do CPP que para homologação do acordo será realizada audiência na qual o juiz deverá verificar sua voluntariedade por meio da oitiva do investigado. Voluntariedade significa que o acordo não deve ser resultado de erro, ameaças ou dolo (falsas promessas).

Para a validade do acordo de não persecução penal é necessário que o investigado tenha conhecimento do seu conteúdo e das suas consequências. Conforme declarou a Suprema Corte dos Estados Unidos, uma admissão de culpa "não pode ser verdadeiramente voluntária a não ser que o réu possua o conhecimento da lei em relação aos fatos"[34].

É possível anular o acordo de não persecução penal por: a) erro substancial quanto ao significado de suas cláusulas e das consequências delas decorrentes; b) erro de direito que não implique recusa à aplicação da lei e seja o motivo único ou principal do negócio jurídico; c) erro concernente à identidade ou à qualidade essencial da pessoa a quem beneficia (art. 139, incisos I a III, do CC). Não basta o mero arrependimento.

O desconhecimento das consequências jurídicas de um fato pode caracterizar erro substancial. Exemplo: no crime de transportar substâncias tóxicas em desacordo com as exigências legais (art. 56 da lei n. 9.605/98), o investigado faz um acordo com uma cláusula genérica prevendo a perda dos instrumentos usados na prática do delito. No momento da execução, a parte é intimada a entregar ao Estado o veículo utilizado no transporte do produto tóxico, por ser instrumento do crime. Porém, o investigado não imaginou que perderia o veículo e não foi informado disso por ninguém. O acordo é anulável por erro. Contudo, permanecerá válido o negócio jurídico se o Ministério Público aceitar a execução do pacto conforme a vontade real do particular (art. 144 do CC).

Tratando-se somente de erro de cálculo o negócio não precisa ser anulado, basta retificar a conta (art. 143 do CC). Exemplo: foi colocada como condição no acordo a prestação de serviços à comunidade pelo tempo da pena mínima prevista para o crime, de 1 ano, reduzida de 2/3. Mas em seguida consta que a parte prestará serviços por 6 meses. Nesse caso prevalecerá a previsão mais benéfica, que resulta em 4 meses.[35]

---
[34] *McCarthy v. United States*, 394 U.S. 459,466 (1969).
[35] Na prática, o acordo de não persecução penal se assemelha a um contrato de adesão, razão pela qual pode-se aplicar,

Também não é caso de anulação quando o erro for acidental, disser respeito a circunstâncias de menor importância. Exemplo: durante as negociações o investigado solicitou e o promotor aquiesceu que a prestação de serviços à comunidade ocorresse numa escola (mas isso não ficou formalizado). Ao dar início à execução o particular é mandado para um hospital. Nesse caso não existe motivo para anular o acordo, pois trata-se de erro meramente acidental.

4.2.3 Dolo

Dolo é o artifício usado para enganar, induzir alguém em erro durante a realização de um negócio jurídico. Age com dolo quem falta com a verdade, mente para assegurar a realização de um contrato. O silêncio, desde que intencional, pode constituir omissão dolosa, uma vez provado que sem ele o negócio não teria sido celebrado (art. 147 do CC).

No acordo de não persecução penal estará configurado dolo quando houver a apresentação de falsas promessas pelo órgão do Ministério Público. Exemplo: um investigado de pouca instrução praticou um crime cuja pena mínima é de 2 anos. Durante as negociações, o promotor declara várias vezes que ele cumprirá somente 6 meses de prestação de serviços à comunidade. Porém, no acordo fica registrado que a prestação de serviços será igual à pena mínima prevista para o crime reduzida de 1/3. O advogado do acusado, negligentemente, não atenta para a divergência. Na audiência de homologação também não é informado o tempo exato. Só quando comparece para iniciar o cumprimento do acordo o investigado descobre que se obrigou a prestar serviços por 16 meses, e não por 6, como prometido pelo promotor. O pacto é anulável por dolo.

---

analogicamente, o art. 423 do CC: "Art. 423. Quando houver no contrato de adesão cláusulas ambíguas ou contraditórias, dever-se-á adotar a interpretação mais favorável ao aderente".

Contudo, se na audiência de homologação o juiz esclareceu que o investigado cumpriria prestação de serviços por 16 meses, ele não poderá impugnar a validade do acordo, pois foi devidamente informado pelo magistrado.

Para haver dolo é preciso uma vontade deliberada de induzir o outro em erro. Se o promotor foi descuidado, não calculou corretamente o tempo de prestação de serviços, não existirá dolo, ainda que o pacto continue anulável por erro. Nesse caso é possível aditar o acordo para corrigir o cálculo.

O dolo do representante do Ministério Público pode levar à sua responsabilização civil[36] e medidas disciplinares. Diante da gravidade dessas consequências é preciso ter cautela e provas suficientes. Para facilitar a prova do dolo recomenda-se que as negociações sejam gravadas e fiquem à disposição da justiça.

Um advogado que age negligentemente durante as negociações do acordo, sem impugnar falhas graves que levaram à sua anulação, deve ser denunciado à comissão de ética e disciplina da OAB, para as providências disciplinares cabíveis.

O membro do Ministério Público igualmente pode ser induzido em erro pelo investigado. Exemplificando, este afirma que não possui antecedentes criminais nem responde a outros processos, mas depois o promotor descobre que ele mentiu sobre seus antecedentes, possuindo na verdade comportamento criminoso reiterado. Trata-se de erro quanto à identidade da parte que autoriza a anulação do acordo por dolo do investigado.

4.2.4 Coação

---

[36] Diz o art. 181 do CPC: "Art. 181. O membro do Ministério Público será civil e regressivamente responsável quando agir com dolo ou fraude no exercício de suas funções."

Na coação há emprego de ameaça injusta e grave. A coação psicológica (vis compulsiva) gera um fundado temor de dano iminente à pessoa do investigado, sua família ou a seus bens.

Exemplo de coação: durante a negociação de um acordo de não persecução penal o promotor diz ao investigado que se não confessar determinado crime será processado por outro bem mais grave. Mas a lei não autoriza a mudança da classificação penal de um fato ao bel-prazer do Ministério Público. O promotor não pode alterar arbitrariamente a imputação penal. E se o suspeito na verdade praticou dois crimes o promotor não pode excluir da apreciação judicial qualquer deles. Trata-se de uma ameaça ilegal.[37]

Outros exemplos. O promotor de justiça fala reservadamente ao imputado que se ele não aceitar os termos do acordo mandará um policial dar-lhe uma boa surra, ou mandará prendê-lo imediatamente, sem qualquer ordem judicial. Não haverá coação se o promotor disser que pedirá a prisão ao juiz.

A simples ameaça de processar alguém não constitui coação, pois trata-se de exercício regular de direito (art. 153 do CC). Assim, a declaração verbal do promotor de que envidará todos os esforços para condenar o suspeito ou prendê-lo não constitui ameaça de mal injusto, pois essas consequências decorrerão de uma decisão judicial.

No caso da coação ser exercida por terceiro, o acordo só será anulável se o Ministério Público sabia da sua existência. Suponha-se que um indivíduo foi ameaçado de morte por um comparsa para assumir sozinho a responsabilidade de um crime cometido em coautoria. Se o promotor tiver conhecimento da ameaça e mesmo assim celebrar o acordo este será anulável. Contudo, se o promotor não tinha conhecimento da ameaça do terceiro o negócio jurídico subsistirá (art. 155 do CC).[38]

---

[37] Nos Estados Unidos, diferentemente, o promotor possui ampla discricionariedade para retirar e suspender a acusação (*nolle prosequi*). Essa faculdade é oriunda da persecução penal privada.
[38] Código Civil: "Art. 155. Subsistirá o negócio jurídico, se a coação decorrer de terceiro, sem que a parte a que aproveite dela tivesse ou devesse ter conhecimento; mas o autor da coação responderá por todas as perdas e danos que houver causado ao coacto".

4.2.5 Estado de perigo

O acordo de não persecução penal pode ser anulado se o particular incidiu em erro substancial, foi coagido, ou induzido a aceitá-lo por dolo. Mas nem todos os vícios de manifestação de vontade se aplicam a ele. Os vícios de consentimento previstos no Código Civil precisam ser adaptados à atividade da justiça criminal.

Há estado de perigo quando situações excepcionais, geralmente provocadas por eventos naturais, levam alguém, para salvar-se, a contrair obrigação desproporcional à do outro contratante. No estado de perigo alguém, ou pessoa de sua família, encontra-se em situação de risco conhecido da outra parte e somente por esse motivo realiza o negócio, obrigando-se a uma prestação desproporcional. Por exemplo, um pai contrata um empréstimo a juros extorsivos para pagar a cirurgia de um filho gravemente doente.

É muito difícil imaginar a situação de alguém aceitando um acordo de não persecução penal porque foi atingido por um desastre ou para socorrer um parente. Se o indivíduo se obrigar a condições desproporcionais, em qualquer caso, basta readequá-las aos critérios legais, sem precisar invocar estado de perigo.

Assim, entendemos inaplicável o vício de estado de perigo ao acordo de não persecução penal.

4.2.6 Lesão

Na lesão, alguém, por inexperiência ou necessidade financeira, se obriga a prestação manifestamente desproporcional ao valor da prestação oposta. O vício consiste na manifesta desproporção entre as prestações das partes.

Num acordo de não persecução penal as principais obrigações do investigado são: reparar o dano (nem sempre presente); prestar serviços à comunidade; pagar prestação pecuniária. O Ministério Público obriga-se a não propor a ação penal. O investigado não será processado e manterá a condição de réu primário.

Observa-se que, ao contrário de um contrato comum, no acordo penal a obrigação do Ministério Público não possui um valor monetário. Eventual prestação pecuniária seguirá o critério da capacidade financeira da parte. E o membro do Ministério Público não obtém nenhuma vantagem pessoal. A lesão pressupõe valores desproporcionais, mas não há uma relação de proporcionalidade econômica entre as obrigações do autor do crime e as do Ministério Público.

Assim, o vício denominado lesão não se aplica ao acordo de não persecução penal. Se neste existirem condições desproporcionais ou abusivas, basta readequá-las aos limites legais, estabelecidos nas leis processuais e penais.

4.2.7 Momento para requerer a anulação

Se no acordo ocorreu algum vício de manifestação da vontade, não bastaria o particular deixar de cumpri-lo e se sujeitar ao processo criminal? Há alguma utilidade em requerer a anulação de um acordo de não persecução penal?

Há, sim. Se o investigado pretender celebrar outro negócio jurídico será preciso anular o anterior. Negando-se simplesmente a cumprir a avença o Ministério Público solicitará a sua rescisão e em seguida oferecerá denúncia. Para evitar isso e permitir que outro acordo seja celebrado é necessário pedir a anulação do primeiro. Ademais, a negativa de cumprimento é motivo para o não oferecimento de outros benefícios, como o *sursis* processual. Mas, anulado o acordo, as partes voltarão à estaca zero.

A parte prejudicada tem que alegar o vício de consentimento durante a audiência de homologação. A nulidade relativa precisa ser apontada na primeira oportunidade em que a parte tem de falar no processo, sob pena de preclusão[39]. Se não o fizer não poderá recorrer da decisão que o homologou. Mas, se no momento da audiência a parte não estava ciente do vício, poderá alegá-lo posteriormente, através de petição simples, perante o juiz que homologou o acordo. Se o juiz rejeitar a alegação e homologar a avença caberá recurso de apelação (que tem efeito suspensivo).

Enquanto o acordo não for rescindido a prescrição do crime permanecerá suspensa (art. 116, IV, CP). Antes de oferecer denúncia o Ministério Público precisará requerer sua rescisão ao juiz, nos termos do art. 28-A, § 10, do CPP. Rescindido o acordo, quer pelo juiz de primeiro grau, quer pelo tribunal, a prescrição voltará a correr.

A parte não deve iniciar o cumprimento do acordo, ciente do vício que o macula, sob pena de configurar confirmação tácita (art. 175 do CC).

Em suma:

a) se o investigado tinha conhecimento do vício de consentimento no momento da audiência de homologação, precisa apresentar o questionamento imediatamente ao juiz, sob pena de preclusão. Permitir o contrário significaria admitir um

---

[39] Aplica-se, por analogia, o art. 278 do CPC:

Art. 278. A nulidade dos atos deve ser alegada na primeira oportunidade em que couber à parte falar nos autos, sob pena de preclusão.

Parágrafo único. Não se aplica o disposto no caput às nulidades que o juiz deva decretar de ofício, nem prevalece a preclusão provando a parte legítimo impedimento.

comportamento contraditório da parte, proibido pelo princípio da boa-fé objetiva, que exige uma conduta leal dos contratantes.

b) se o particular não sabia do vício que macula o acordo no momento da audiência, poderá argüí-lo posteriormente, provando que o desconhecia, perante o juiz que o homologou. O simples fato do acordo ter sido homologado judicialmente não purga o vício de consentimento, principalmente quando o juiz não inquiriu adequadamente o investigado sobre a voluntariedade do seu ato. Da decisão caberá apelação[40].

c) em se tratando de coação, o particular deve necessariamente denunciar o vício na audiência de homologação, pois neste momento ele já tinha conhecimento da sua existência[41].

---

[40] Eventual renúncia ao direito de apelar, prevista no acordo, não terá validade, vez que o próprio pacto está sendo questionado e isso poderá implicar na anulação de todas as suas cláusulas.

[41] Contudo, embora a parte saiba da coação antes de realizada a audiência, pode ser que neste momento ela se sinta constrangida e não tenha coragem de revelar o vício, principalmente se na audiência estiver presente o órgão do Ministério Público responsável pela coação. Nesse caso, talvez o mais correto seja permitir sua alegação posterior.

## 5. CRIMES EM ESPÉCIE

Agora faremos a análise da aplicação do acordo de não persecução penal a crimes que possuem algumas particularidades que suscitam dúvidas sobre o seu cabimento. São delitos de competência das justiças estadual e federal.

Quanto aos crimes de competência da justiça militar, não consta no art. 28-A do CPP um impedimento expresso de seu uso na justiça castrense. Todavia, o STF firmou entendimento no sentido de que a substituição da pena privativa de liberdade, prevista no artigo 44 do Código Penal, não é aplicável aos crimes militares.[42]Esse raciocínio, de que não cabe substituição por penas alternativas, torna o acordo também incabível. Ademais, o *sursis* processual, por conta do art. 90-A da lei n. 9.099/95, igualmente não se aplica na justiça militar.

Quantos aos crimes eleitorais, entendemos não haver óbice, até porque está pacificado na jurisprudência o cabimento da suspensão condicional do processo nos delitos de competência da justiça eleitoral.

### 5.1 Sonegação fiscal

> Art. 1º Constitui crime contra a ordem tributária suprimir ou reduzir tributo, ou contribuição social e qualquer acessório, mediante as seguintes condutas:
>
> I - omitir informação, ou prestar declaração falsa às autoridades fazendárias;

---

[42] "HABEAS CORPUS. RECURSO EXTRAORDINÁRIO. EFEITO SUSPENSIVO. DESCABIMENTO. IRREGULARIDADE NO INQUÉRITO. INSTAURAÇÃO DA AÇÃO PENAL. PRECLUSÃO. CRIME MILITAR. PENA ALTERNATIVA. APLICAÇÃO DO ART. 44 DO CÓDIGO PENAL COMUM. IMPOSSIBILIDADE. DISCIPLINA DIVERSA DO CÓDIGO PENAL MILITAR. ORDEM DENEGADA. (...). 3. Não se aplica aos crimes militares a substituição da pena privativa de liberdade por restritiva de direitos, prevista no art. 44 do Código Penal, pois o art. 59 do Código Penal Militar disciplinou de modo diverso as hipóteses de substituição cabíveis sob sua égide. Precedentes. 4. Ordem denegada." (STF, HC 94.083, Rel. Min. Joaquim Barbosa, Segunda Turma, DJe 12/3/2010)

II - fraudar a fiscalização tributária, inserindo elementos inexatos, ou omitindo operação de qualquer natureza, em documento ou livro exigido pela lei fiscal;

III - falsificar ou alterar nota fiscal, fatura, duplicata, nota de venda, ou qualquer outro documento relativo à operação tributável;

IV - elaborar, distribuir, fornecer, emitir ou utilizar documento que saiba ou deva saber falso ou inexato;

V - negar ou deixar de fornecer, quando obrigatório, nota fiscal ou documento equivalente, relativa a venda de mercadoria ou prestação de serviço, efetivamente realizada, ou fornecê-la em desacordo com a legislação.

Pena - reclusão de 2 (dois) a 5 (cinco) anos, e multa.

Parágrafo único. A falta de atendimento da exigência da autoridade, no prazo de 10 (dez) dias, que poderá ser convertido em horas em razão da maior ou menor complexidade da matéria ou da dificuldade quanto ao atendimento da exigência, caracteriza a infração prevista no inciso V.

Os crimes tributários no Brasil têm várias especificidades em relação aos demais. A primeira delas decorre da súmula vinculante n. 24 do STF, segundo a qual o crime de sonegação de tributos, por ter natureza material, não estará configurado enquanto o procedimento administrativo fiscal não for encerrado, com lançamento definitivo do tributo. Eis o teor da súmula: "Não se tipifica crime material contra a ordem tributária, previsto no art. 1º, incisos I a IV, da lei n. 8.137/90, sem o lançamento definitivo do tributo". A súmula vinculante 24 do STF aplica-se ao crime de sonegação de contribuição previdenciária.

A pendência de impugnação ou recurso administrativo no âmbito do processo administrativo tributário implica ausência de justa causa para a ação penal. Enquanto dura o processo administrativo, fica suspenso o curso da prescrição punitiva por crime de sonegação fiscal.

A súmula vinculante n. 24 não se aplica aos crimes previstos no art. 2º da lei n. 8.137/90, pois tratam-se de crimes formais que independem de resultado e de procedimento administrativo. O crime previsto no inciso V do art. 1º da lei n. 8.137/90 também é crime formal, que não requer apuração do dano.

É possível aplicar o princípio da insignificância aos crimes de sonegação fiscal. Desse modo, se o valor sonegado é pequeno, sendo dispensável a cobrança judicial pelo fisco, não há justa causa para a ação penal. Esse raciocínio vale para o valor principal do tributo, excluída multa e juros. Atualmente não são cobradas dívidas ativas da União pela Procuradoria-Geral da Fazenda Nacional de valor inferior a R$ 20.000,00, conforme a Portaria n. 75/2012. A insignificância vale tanto para crimes de sonegação como de apropriação indébita. Torna-se inaplicável se houver reiteração, por revelar alto grau de reprovabilidade do comportamento, conforme a jurisprudência do STF.

Assim, diante de um crime de sonegação fiscal previsto no art. 1º, incisos I a IV, da lei n. 8.137/90, inicialmente é preciso confirmar se o procedimento administrativo fiscal está devidamente encerrado, sem apresentação de recurso. Depois, se a dívida não é inferior a R$ 20.000,00. Na primeira situação, não poderá ser proposta ação penal nem celebrado acordo de não persecução, sendo necessário aguardar o fim do procedimento administrativo; na segunda, o caso deve ser arquivado por insignificância.

Conforme o art. 28-A, § 2º, II, do CPP, se o investigado mostra uma conduta criminal reiterada, não poderá realizar o acordo, salvo se insignificantes as infrações penais pretéritas. Então, se alguém que praticou um crime tributário, arquivado por insignificância, vier a praticar novamente o mesmo delito, ainda que o valor sonegado fique abaixo de R$ 20.000,00, não incidirá o princípio da insignificância, por conta da reiteração, sendo possível fazer acordo, pois a conduta anterior foi insignificante. A reiteração é motivo para não reconhecer a insignificância do crime, mas não impede a celebração do acordo.

No crime de sonegação de contribuição previdenciária, art. 337-A do CP, o juiz pode deixar de aplicar a pena ou aplicar somente a de multa, se o valor sonegado for inferior ao mínimo estabelecido para ajuizar execução fiscal (§ 2º, II). Nesse caso caberá desde o início o acordo.

Se há sonegação de vários tributos decorrentes de um mesmo ato ou lançamento, haverá um só crime, e não vários. Se a sonegação fiscal se perpetuar por dois exercícios financeiros (2 anos), por exemplo, será o caso de reconhecer a continuidade delitiva. As penas mínimas não deverão ser somadas, o que impediria a celebração do acordo, mas aplicada a causa de aumento de pena prevista no art. 71 do CP.

O art. 28-A, inciso I, do CPP, exige como condição do acordo a reparação do dano ou restituição da coisa à vítima, salvo impossibilidade de fazê-lo. Mas, se o investigado reparar o dano, ou seja, pagar o débito, sua punibilidade será extinta. Nos termos do art. 9º, § 2º, da lei n. 10.684/2003, o pagamento integral do débito tributário, a qualquer tempo, antes ou depois de recebida a denúncia, até após o trânsito em julgado da sentença condenatória, leva à extinção da punibilidade. Somente quem não pagou ou parcelou o débito tributário incide nas penas do art. 1º da lei n. 8.137/90.

A solução para o problema é que só cabe acordo de não persecução penal nos crimes de sonegação fiscal quando o investigado não puder reparar o dano, por absoluta impossibilidade financeira. É preciso existir provas razoáveis dessa impossibilidade. Se tiver como pagar o débito, ainda que parceladamente, deverá fazê-lo, o que levará à extinção da punibilidade.

Outra questão diz respeito ao parcelamento do débito tributário, que suspende a punibilidade. Se o contribuinte aderir a um parcelamento comum ou especial, não poderá ser processado criminalmente, conforme o art. 83, § 2º, da lei n. 9.430/96. É preciso que o parcelamento ocorra antes do recebimento da denúncia (lei n. 12.382/2011). Com a pretensão do direito de punir suspensa, o Ministério Público não poderá ingressar com a ação penal e também não será cabível o acordo. Quando o débito for pago, a pretensão punitiva será extinta.

Não poderão ser objeto de parcelamento as contribuições descontadas dos empregados, inclusive domésticos, avulsos, contribuintes individuais e demais importâncias descontas na forma da legislação previdenciária (art. 7º da lei n. 10.666/2003). Mas será possível fazer o pagamento parcelado do débito previdenciário (crimes dos arts. 168-A e 337-A do CP) dentro do acordo de não persecução penal, como forma de reparar o dano.

Vez que a pena mínima dos crimes de sonegação fiscal, previstos no art. 1º, incisos I a IV, da lei n. 8.137/90, é superior a 1 ano, não cabe suspensão condicional do processo, apenas acordo de não persecução.

## 5.2 Descaminho

> Art. 334. Iludir, no todo ou em parte, o pagamento de direito ou imposto devido pela entrada, pela saída ou pelo consumo de mercadoria:
>
> Pena - reclusão, de 1 (um) a 4 (quatro) anos.
>
> § 1º Incorre na mesma pena quem:
>
> I - pratica navegação de cabotagem, fora dos casos permitidos em lei;
>
> II - pratica fato assimilado, em lei especial, a descaminho;
>
> III - vende, expõe à venda, mantém em depósito ou, de qualquer forma, utiliza em proveito próprio ou alheio, no exercício de atividade comercial ou industrial, mercadoria de procedência estrangeira que introduziu clandestinamente no País ou importou fraudulentamente ou que sabe ser produto de introdução clandestina no território nacional ou de importação fraudulenta por parte de outrem;
>
> IV - adquire, recebe ou oculta, em proveito próprio ou alheio, no exercício de atividade comercial ou industrial, mercadoria de procedência estrangeira, desacompanhada de documentação legal ou acompanhada de documentos que sabe serem falsos.

§ 2º Equipara-se às atividades comerciais, para os efeitos deste artigo, qualquer forma de comércio irregular ou clandestino de mercadorias estrangeiras, inclusive o exercido em residências.

§ 3º A pena aplica-se em dobro se o crime de descaminho é praticado em transporte aéreo, marítimo ou fluvial.

No crime de descaminho (iludir, no todo ou em parte, o pagamento de direito ou imposto devido pela entrada, saída ou consumo de mercadoria), não se aplica a extinção da punibilidade pelo pagamento, em razão dos diferentes bens jurídicos tutelados, em relação aos crimes tributários previstos no art. 1º da lei n. 8.137/90. No descaminho há prejuízo ao controle das importações e das exportações, que serve para estimular ou desestimular o comércio internacional. A constituição definitiva do crédito tributário não é condição objetiva de punibilidade do crime de descaminho, não se aplicando a ele a súmula vinculante n. 24 do STF.[43]

Como o pagamento do tributo não extingue a punibilidade (art. 1º da lei n. 6.910/81), não há nenhuma observação ou modificação no que tange à exigência de reparação do dano. É perfeitamente possível realizar acordo no crime de descaminho, tendo como condição a reparação do dano, desde que devidamente identificado em laudo pericial.

Ao crime de descaminho aplica-se o princípio da insignificância quando o valor do tributo devido for inferior a R$ 10.000,00, sujeitando-se o infrator apenas à sanção administrativa de perdimento. Devem ser computados os valores do imposto de importação e do IPI importação. Não se aplica a insignificância se houver reiteração da conduta.

---

[43] "PENAL E PROCESSUAL PENAL. AGRAVO REGIMENTAL NO RECURSO ESPECIAL. PRINCÍPIO DA COLEGIALIDADE. SÚMULA N. 568/STJ. CRIME DE DESCAMINHO. CRIME FORMAL. AGRAVO DESPROVIDO.
1. Decisão monocrática do relator, quando houver entendimento dominante, não importa violação ao princípio da colegialidade (Súmula n. 568/STJ).
2. "O Supremo Tribunal Federal e o Superior Tribunal de Justiça firmaram compreensão no sentido de que a consumação do crime de descaminho independe da constituição definitiva do crédito tributário, haja vista se tratar de crime formal, diversamente dos crimes tributários listados na Súmula Vinculante n. 24 do Pretório Excelso." (STJ, HC 271.650/PE, Rel. Ministro REYNALDO SOARES DA FONSECA, QUINTA TURMA, julgado em 3/3/2016, DJe 9/3/2016).

Antes da celebração do acordo em crime de descaminho é importante analisar o cabimento de *sursis* processual, em tese mais benéfico. Quando o investigado está sendo processado por outro crime, fato impeditivo da suspensão condicional do processual, será cabível o acordo, salvo se ficar demonstrada conduta habitual, reiterada ou profissional.

Assim, se houve a prática anterior de descaminho com prejuízo ao fisco inferior a R$ 10.000,00, em caso de reiteração, não poderá mais ser invocado o princípio da insignificância. Se não couber *sursis* processual, porque o investigado está sendo processado por outro crime, caberá acordo de não persecução penal, vez que o crime anterior foi insignificante.

Se o crime de descaminho for praticado por via aérea, marítima ou fluvial, aplica-se a pena em dobro, de forma que não será possível a suspensão condicional do processo, apenas acordo de não persecução.

5.3 Trabalho escravo

> Art. 149. Reduzir alguém a condição análoga à de escravo, quer submetendo-o a trabalhos forçados ou a jornada exaustiva, quer sujeitando-o a condições degradantes de trabalho, quer restringindo, por qualquer meio, sua locomoção em razão de dívida contraída com o empregador ou preposto:
>
> Pena - reclusão, de dois a oito anos, e multa, além da pena correspondente à violência.
>
> § 1º Nas mesmas penas incorre quem:
>
> I – cerceia o uso de qualquer meio de transporte por parte do trabalhador, com o fim de retê-lo no local de trabalho;
>
> II – mantém vigilância ostensiva no local de trabalho ou se apodera de documentos ou objetos pessoais do trabalhador, com o fim de retê-lo no local de trabalho.

§ 2º A pena é aumentada de metade, se o crime é cometido:

I – contra criança ou adolescente;

II – por motivo de preconceito de raça, cor, etnia, religião ou origem.

Embora o crime de redução de alguém à condição análoga à de escravo tenha pena mínima de 2 anos, não é adequado realizar acordo de não persecução penal com os autores desse delito.

Observando as condutas descritas no tipo do art. 149 do CP, quais sejam, submeter trabalhador a trabalhos forçados ou jornada exaustiva, sujeitá-lo a condições degradantes de trabalho, restringir sua locomoção, verifica-se que esse delito é praticado mediante violência ou grave ameaça (explícita ou velada).

Dessa forma, a presença de violência ou grave ameaça impede a celebração do acordo, por desrespeito a requisito constante no art. 28-A, *caput*, do CPP. Ademais, o tipo de constrangimento ilegal provocado indica que ele não é suficiente para a reprovação e prevenção desse delito. O acordo é incompatível, como regra, com o crime de trabalho escravo.

Por outro lado, se inexistente violência ou grave ameaça, muito provavelmente tratar-se-á de mera infração às normas trabalhistas, desrespeito a direitos do trabalhador, que não chega a caracterizar trabalho escravo.

5.4 Crimes ambientais

Art. 29. Matar, perseguir, caçar, apanhar, utilizar espécimes da fauna silvestre, nativos ou em rota migratória, sem a devida permissão, licença ou autorização da autoridade competente, ou em desacordo com a obtida:

Pena - detenção de seis meses a um ano, e multa.

§ 1º Incorre nas mesmas penas:

I - quem impede a procriação da fauna, sem licença, autorização ou em desacordo com a obtida;

II - quem modifica, danifica ou destrói ninho, abrigo ou criadouro natural;

III - quem vende, expõe à venda, exporta ou adquire, guarda, tem em cativeiro ou depósito, utiliza ou transporta ovos, larvas ou espécimes da fauna silvestre, nativa ou em rota migratória, bem como produtos e objetos dela oriundos, provenientes de criadouros não autorizados ou sem a devida permissão, licença ou autorização da autoridade competente.

(...)

§ 5º **A pena é aumentada até o triplo, se o crime decorre do exercício de caça profissional**.

Art. 41. Provocar incêndio em mata ou floresta:

Pena - reclusão, de dois a quatro anos, e multa.

Art. 50-A. Desmatar, explorar economicamente ou degradar floresta, plantada ou nativa, em terras de domínio público ou devolutas, sem autorização do órgão competente:

Pena - reclusão de 2 (dois) a 4 (quatro) anos e multa.

Art. 69-A. Elaborar ou apresentar, no licenciamento, concessão florestal ou qualquer outro procedimento administrativo, estudo, laudo ou relatório ambiental total ou parcialmente falso ou enganoso, inclusive por omissão:

Pena - reclusão, de 3 (três) a 6 (seis) anos, e multa.

A maioria dos crimes ambientais caracteriza-se como de menor potencial ofensivo, da competência dos juizados especiais. Outros, por terem pena mínima de 1 ano, admitem suspensão condicional do processo. Somente uns poucos, como os previstos no art. 29, §5º (caça profissional), art. 41 (provocar incêndio na mata); 50-A (desmatar sem autorização) e 69-A (fraude em estudo ambiental), têm pena mínima superior a 1 ano e podem ser objeto de acordo de não persecução penal.

Há particulares nesses crimes, contudo, que precisam ser levadas em conta.

A primeira é a celebração do acordo por pessoa jurídica de direito privado. Nesse caso, a condição de prestar serviços à comunidade será aplicada na forma do art. 23 da lei n. 9.605/98, consistindo em: a) custeio de programas e projetos ambientais; b) execução de obras de recuperação de áreas degradadas; c) manutenção de espaços públicos e d) contribuições a entidades ambientais ou culturais públicas.

Outra diferença diz respeito à reparação do dano. É preciso elaborar um laudo de constatação do dano ambiental (art. 17 da lei n. 9.605/98), que servirá de base para as providências de recuperação. A declaração de extinção da punibilidade dependerá da efetiva reparação do dano, salvo impossibilidade, comprovada na forma do art. 28 da lei n. 9.605/98, aplicável por analogia.[44]

## 5.5 Contrabando

Art. 334-A. Importar ou exportar mercadoria proibida:

Pena - reclusão, de 2 (dois) a 5 ( cinco) anos.

---

[44] Art. 28. As disposições do art. 89 da Lei nº 9.099, de 26 de setembro de 1995, aplicam-se aos crimes de menor potencial ofensivo definidos nesta Lei, com as seguintes modificações:

I - a declaração de extinção de punibilidade, de que trata o § 5º do artigo referido no *caput*, dependerá de laudo de constatação de reparação do dano ambiental, ressalvada a impossibilidade prevista no inciso I do § 1º do mesmo artigo;

II - na hipótese de o laudo de constatação comprovar não ter sido completa a reparação, o prazo de suspensão do processo será prorrogado, até o período máximo previsto no artigo referido no *caput*, acrescido de mais um ano, com suspensão do prazo da prescrição;

III - no período de prorrogação, não se aplicarão as condições dos incisos II, III e IV do § 1º do artigo mencionado no *caput*;

IV - findo o prazo de prorrogação, proceder-se-á à lavratura de novo laudo de constatação de reparação do dano ambiental, podendo, conforme seu resultado, ser novamente prorrogado o período de suspensão, até o máximo previsto no inciso II deste artigo, observado o disposto no inciso III;

V - esgotado o prazo máximo de prorrogação, a declaração de extinção de punibilidade dependerá de laudo de constatação que comprove ter o acusado tomado as providências necessárias à reparação integral do dano.

§ 1º Incorre na mesma pena quem:

I - pratica fato assimilado, em lei especial, a contrabando;

II - importa ou exporta clandestinamente mercadoria que dependa de registro, análise ou autorização de órgão público competente;

III - reinsere no território nacional mercadoria brasileira destinada à exportação;

IV - vende, expõe à venda, mantém em depósito ou, de qualquer forma, utiliza em proveito próprio ou alheio, no exercício de atividade comercial ou industrial, mercadoria proibida pela lei brasileira;

V - adquire, recebe ou oculta, em proveito próprio ou alheio, no exercício de atividade comercial ou industrial, mercadoria proibida pela lei brasileira.

§ 2º - Equipara-se às atividades comerciais, para os efeitos deste artigo, qualquer forma de comércio irregular ou clandestino de mercadorias estrangeiras, inclusive o exercido em residências.

§ 3º A pena aplica-se em dobro se o crime de contrabando é praticado em transporte aéreo, marítimo ou fluvial.

No crime de contrabando, uma das principais condições para a celebração do acordo é a renúncia voluntária à mercadoria contrabandeada (art. 28-A, inciso II, do CPP).

A perda dos bens apreendidos costuma ser aplicada como penalidade administrativa pelas próprias autoridades alfandegárias. De qualquer forma, pode ficar expresso no acordo a renúncia à mercadoria produto do crime, assim como ser inserida como condição a perda de instrumentos usados na prática do delito, a exemplo dos veículos nos quais eram transportados os objetos contrabandeados.

A perda da mercadoria apreendida, decretada pela autoridade administrativa, equivale à reparação do dano.

Se o contrabando for praticado mediante transporte aéreo, marítimo ou fluvial, a pena aplica-se em dobro e não caberá acordo, pois a pena mínima será igual a 4 anos.

A importação clandestina de cigarros caracteriza contrabando, não descaminho, por se tratar de mercadoria proibida. Embora a jurisprudência possua entendimento de que o princípio da insignificância não se aplica aos crimes de contrabando de cigarros, por menor que possa ter sido o resultado da lesão patrimonial, pois a conduta atingiria outros bens jurídicos, como a saúde, a segurança e a moralidade pública[45], a 2ª Câmara de Coordenação e Revisão do Ministério Público Federal possui enunciado no sentido de que o contrabando de até 1000 maços de cigarro deve ser arquivado com base no princípio da insignificância. Havendo reiteração, será o caso de realizar acordo.

5.6 Dispensa irregular e fraude em licitação

A lei n. 14.133, de 1º de abril de 2021, revogou a lei n. 8.666/93 na parte referente às infrações penais[46]. A partir da entrada em vigor da referida lei, o crime de dispensa irregular de licitação passou a designar-se contratação direta ilegal e ser tipificado no art. 337-E do Código Penal, abaixo:

Contratação direta ilegal

---

[45] STJ, REsp n. 1.719.439/PR, Quinta Turma, Rel. Min. Jorge Mussi, DJe de 24/08/2018.

[46] Lei n. 14.133/21:

"Art. 193. Revogam-se:

I - os arts. 89 a 108 da Lei nº 8.666, de 21 de junho de 1993, na data de publicação desta Lei;"

Lei n. 14.133/21:

"Art. 193. Revogam-se:

I - os arts. 89 a 108 da Lei nº 8.666, de 21 de junho de 1993, na data de publicação desta Lei;"

Art. 337-E. Admitir, possibilitar ou dar causa à contratação direta fora das hipóteses previstas em lei:

Pena - reclusão, de 4 (quatro) a 8 (oito) anos, e multa.

Já o crime antes previsto no art. 90 da lei n. 8.666/93 passou a se chamar frustração do caráter competitivo de licitação e ser tipificado no art. 337-F do Código Penal:

Frustração do caráter competitivo de licitação

Art. 337-F. Frustrar ou fraudar, com o intuito de obter para si ou para outrem vantagem decorrente da adjudicação do objeto da licitação, o caráter competitivo do processo licitatório:

Pena - reclusão, de 4 (quatro) anos a 8 (oito) anos, e multa.

Como a pena mínima prevista para esses delitos é igual a 4 anos, não será mais cabível acordo de não persecução penal. Contudo, a nova lei só se aplica aos fatos ocorridos após o início de sua vigência, tendo em vista o aumento da pena (a *lex gravior* não pode retroagir).

Dessa forma, para as dispensas irregulares de licitação e fraudes ocorridas antes de 1º de abril de 2021 continuarão valendo os arts. 89 e 90 da lei n. 8.666/93, bem como os comentários constantes da 1ª edição, a seguir:

Art. 89. Dispensar ou inexigir licitação fora das hipóteses previstas em lei, ou deixar de observar as formalidades pertinentes à dispensa ou à inexigibilidade:

Pena - detenção, de 3 (três) a 5 (cinco) anos, e multa.

Parágrafo único. Na mesma pena incorre aquele que, tendo comprovadamente concorrido para a consumação da ilegalidade, beneficiou-se da dispensa ou inexigibilidade ilegal, para celebrar contrato com o Poder Público.

Art. 90. Frustrar ou fraudar, mediante ajuste, combinação ou qualquer outro expediente, o caráter competitivo do procedimento licitatório, com o intuito de obter, para si ou para outrem, vantagem decorrente da adjudicação do objeto da licitação:

Pena- detenção, de 2 (dois) a 4 (quatro) anos, e multa.

Todos os crimes previstos na lei n. 8.666/93 possuem pena mínima inferior a 4 anos. Os que têm pena mínima igual a 1 ano admitem a suspensão condicional do processo. Nos demais, cuja sanção mínima é superior a 1 ano de detenção (arts. 89, 90, 94, 95, 96), cabe acordo de não persecução. Dentre estes, os mais comuns na prática forense são os de dispensa irregular de licitação e fraude em procedimento licitatório.

A jurisprudência atual entende que precisa haver dano ao erário e dolo específico para que ocorra o crime previsto no art. 89 da lei n. 8.666/93. Conforme a jurisprudência de teses divulgada pelo STJ, para configuração do delito do art. 89 da lei n. 8.666/93, é indispensável a comprovação do dolo específico do agente em causar dano ao erário, bem como prejuízo à administração pública.

Assim, em todo inquérito policial ou procedimento de investigação criminal, cujo objeto seja apurar a prática do crime de dispensa irregular de licitação, deve ser produzida uma perícia ou laudo que indique o valor do dano causado à administração pública. Trata-se de crime material, de modo que é preciso dizer qual o valor do prejuízo sofrido pela vítima.

A quantificação do dano, apurado durante a investigação, servirá como base da reparação a ser feita pelo investigado como condição para celebrar o acordo. Se não for possível calcular o valor exato do prejuízo, há de ser arbitrado por estimativa. Se não existiu dano, faltará materialidade ao delito e o inquérito policial deverá ser arquivado.

Já o crime previsto no art. 90 da lei n. 8.666/93 é considerado formal, sendo dispensável a comprovação de prejuízo ao erário. Nesse caso, como não existe dano material, não há o que ser ressarcido.

## 5.7 Usurpação de bem da União

Lei n. 8.176/91:

Art. 2º Constitui crime contra o patrimônio, na modalidade de usurpação, produzir bens ou explorar matéria-prima pertencentes à União, sem autorização legal ou em desacordo com as obrigações impostas pelo título autorizativo.

Pena: detenção, de um a cinco anos e multa.

§ 1º Incorre na mesma pena aquele que, sem autorização legal, adquirir, transportar, industrializar, tiver consigo, consumir ou comercializar produtos ou matéria-prima, obtidos na forma prevista no caput deste artigo.

Lei n. 9.605/98:

Art. 55. Executar pesquisa, lavra ou extração de recursos minerais sem a competente autorização, permissão, concessão ou licença, ou em desacordo com a obtida:

Pena - detenção, de seis meses a um ano, e multa.

Parágrafo único. Nas mesmas penas incorre quem deixa de recuperar a área pesquisada ou explorada, nos termos da autorização, permissão, licença, concessão ou determinação do órgão competente.

A jurisprudência do STJ e do STF pacificou o entendimento de que há concurso formal entre os crimes de usurpação de matéria-prima da União, que tem um fim lucrativo, com utilização comercial ou venda do produto, e falta de autorização do órgão ambiental competente para extrair recursos minerais. No primeiro delito a vítima é a União, no segundo o meio ambiente.

Dessa forma, quando há extração não autorizada de areia em leito de rio, por exemplo, entende-se que se aplicam, ao mesmo tempo, os tipos do art. 2º da lei n. 8.176/91 e art. 55 da lei n. 9.605/98. A pena mínima aplicável será superior a 1 ano de detenção, não cabendo suspensão condicional do processo. Todavia, admite-se acordo de não persecução penal.

Para fazer o acordo torna-se fundamental a reparação do dano. Seu valor deve ser estipulado em laudo pericial, produzido no âmbito do inquérito policial, vez que a matéria-prima ou os recursos minerais têm valor econômico mensurável.

5.8 Roubo

> Art. 157 - Subtrair coisa móvel alheia, para si ou para outrem, mediante grave ameaça ou violência a pessoa, ou depois de havê-la, por qualquer meio, reduzido à impossibilidade de resistência:
>
> Pena - reclusão, de quatro a dez anos, e multa.

O crime de roubo, mesmo na modalidade simples, tem pena mínima de 4 anos de reclusão (todas as demais modalidades de roubo possuem pena superior). Desse modo, não cabe acordo de não persecução penal, vez que para tanto o crime precisa ter pena inferior (não igual) a 4 anos. Mesmo no caso de tentativa de roubo, não será possível celebrar acordo, pois trata-se de crime praticado mediante violência ou grave ameaça.

Todavia, quando o roubo é executado através da redução à impossibilidade de resistência da vítima, sem violência ou grave ameaça à pessoa, como no caso da utilização de sonífero (golpe conhecido como "boa noite Cinderela"), se o delito não se consumar, por circunstâncias alheias à vontade do agente (tentativa), será possível a realização de acordo de não persecução.

## 5.9 Estelionato contra o INSS

> Art. 171 - Obter, para si ou para outrem, vantagem ilícita, em prejuízo alheio, induzindo ou mantendo alguém em erro, mediante artifício, ardil, ou qualquer outro meio fraudulento:
>
> Pena - reclusão, de um a cinco anos, e multa, de quinhentos mil réis a dez contos de réis.
>
> (...)
>
> § 3º - A pena aumenta-se de um terço, se o crime é cometido em detrimento de entidade de direito público ou de instituto de economia popular, assistência social ou beneficência.

Embora a jurisprudência tenha entendido que, em se tratando de estelionato cometido contra entidade de direito público, não é possível a incidência do princípio da insignificância, porque há um alto grau de reprovabilidade na conduta do agente, que atinge a coletividade como um todo[47], no caso de recebimento indevido de benefício previdenciário após a morte do titular, admite-se o arquivamento pelo saque de até 3 benefícios, conforme orientação da 2ª Câmara de Coordenação e Revisão do MPF.[48]

Se não for caso de arquivamento, é preciso verificar se o investigado tem condições econômicas de reparar o dano causado pelo crime, nos termos do art. 28-A, inciso I, do CPP.

---

47 STJ, HC 180771, Quinta Turma, Rel. Min. Jorge Mussi, DJe 05-11-2012.
48 "A 2ª Câmara de Coordenação e Revisão ORIENTA os membros do Ministério Público Federal que oficiam na área criminal, respeitada a independência funcional, nos termos do art. 62-I da Lei Complementar nº 75/93:1. A dispensar liminarmente a instauração de investigação criminal própria ou de inquérito policial e determinar, se assim o entender, o arquivamento das peças de informação que serão encaminhadas em cumprimento ao item 9.1.2 do Acórdão 2.812/2009 -TCU – Plenário em duas situações, assim considerada a jurisprudência da 2ª CCR:
i) relativas a fatos já abrangidos pela prescrição da pretensão punitiva, cujo termo inicial é a data do último saque efetuado após o óbito do beneficiário; e
ii) quando não houver prova de dolo no saque de até três benefícios previdenciários."

A reparação do dano será impossível se o autor do delito não tiver renda própria, decorrente do trabalho, aplicações financeiras, ou imóveis. Demonstrada a total incapacidade financeira, é inadequado forçar o investigado a fazer empréstimos, pedidos de socorro à família, vender bens ou o imóvel onde reside. O bem de família é impenhorável, nos termos da lei n. 8.009/90, bem como os móveis que guarnecem a residência. Esses bens não devem ser vendidos para a reparação do dano, salvo se houver provas de que foram adquiridos com o produto do crime.

Haverá ainda impossibilidade total de reparar o dano quando o investigado tiver como única renda benefício assistencial de valor inferior ao salário-mínimo, como o bolsa-família. O recebimento deste benefício pressupõe miserabilidade, servindo para evitar que se morra de fome, de modo que usar esses valores para reparar o dano afetará a subsistência do beneficiário.

Recomenda-se que seja feita uma pesquisa pelos órgãos de inteligência do Ministério Público a fim de confirmar se o responsável pelo crime realmente não possui salário ou outras fontes de renda.

A incapacidade de reparar o dano, contudo, pode ser apenas parcial. Quem tem renda de 1 salário-mínimo pode reparar o dano parceladamente, através de desconto no seu salário. Nesta hipótese o desconto não deve ser superior a 25% dos vencimentos.

Entendemos aceitável a satisfação parcial do dano, quando existir fundadas razões indicando que o autor do delito não pode ressarcir o prejuízo integralmente. Se o acordo é possível se a reparação total do dano for impossível, também deve ser admitido em caso de impossibilidade parcial.

5.10 Moeda falsa

Art. 289 - Falsificar, fabricando-a ou alterando-a, moeda metálica ou papel-moeda de curso legal no país ou no estrangeiro:

Pena - reclusão, de três a doze anos, e multa.

§ 1º - Nas mesmas penas incorre quem, por conta própria ou alheia, importa ou exporta, adquire, vende, troca, cede, empresta, guarda ou introduz na circulação moeda falsa.

§ 2º - Quem, tendo recebido de boa-fé, como verdadeira, moeda falsa ou alterada, a restitui à circulação, depois de conhecer a falsidade, é punido com detenção, de seis meses a dois anos, e multa.

O crime de moeda falsa possui pena mínima de 3 anos, admitindo a celebração do acordo.

Quanto à reparação do dano, como é impossível a quantificação econômica da fé pública efetivamente lesionada (STF, HC 93.251), não há que se falar em reparação de dano nesse tipo de crime.

Contudo, a pena de prestação pecuniária pode ser fixada em valor elevado, conforme a quantidade de cédulas apreendidas e as condições financeiras do autor do delito.

Por fim, é importante lembrar que se a cédula falsa foi recebida de boa-fé e posteriormente devolvida à circulação, o autor do crime incidirá na modalidade privilegiada (§2º), da competência dos juizados especiais federais.

5.11 Falsificação e uso de documento público inautêntico

Art. 297 - Falsificar, no todo ou em parte, documento público, ou alterar documento público verdadeiro:

Pena - reclusão, de dois a seis anos, e multa.

§ 1º - Se o agente é funcionário público, e comete o crime prevalecendo-se do cargo, aumenta-se a pena de sexta parte.

§ 2º - Para os efeitos penais, equiparam-se a documento público o emanado de entidade paraestatal, o título ao portador ou transmissível por endosso, as ações de sociedade comercial, os livros mercantis e o testamento particular.

§ 3º Nas mesmas penas incorre quem insere ou faz inserir:

I – na folha de pagamento ou em documento de informações que seja destinado a fazer prova perante a previdência social, pessoa que não possua a qualidade de segurado obrigatório;

II – na Carteira de Trabalho e Previdência Social do empregado ou em documento que deva produzir efeito perante a previdência social, declaração falsa ou diversa da que deveria ter sido escrita;

III – em documento contábil ou em qualquer outro documento relacionado com as obrigações da empresa perante a previdência social, declaração falsa ou diversa da que deveria ter constado.

§ 4º Nas mesmas penas incorre quem omite, nos documentos mencionados no § 3º, nome do segurado e seus dados pessoais, a remuneração, a vigência do contrato de trabalho ou de prestação de serviços.

Art. 304 - Fazer uso de qualquer dos papéis falsificados ou alterados, a que se referem os arts. 297 a 302:

Pena - a cominada à falsificação ou à alteração.

O crime de falsificação de documento público admite acordo de não persecução penal, pois tem pena mínima de 2 anos de reclusão. Aquele que usar o documento falso receberá a mesma pena.

Se o sujeito falsifica e posteriormente usa o documento público contrafeito, a última conduta será considerada fato posterior impunível, respondendo o autor só pela falsificação. Dessa forma, não devem ser somadas as penas dos crimes do art.

297 e 304 do CP, incidindo unicamente o primeiro, de modo que será possível fazer o acordo.

A falsificação e o uso de documento público são crimes contra a fé pública, de valor econômico inestimável, não sendo exigível a reparação do dano.

Nos casos de falsificação de documento particular (art. 298 do CP) e falsidade ideológica (art. 299 do CP), a pena mínima será de 1 ano, devendo ser aplicada, preferencialmente, a suspensão condicional do processo.

5.12 Associação criminosa

> Art. 288. Associarem-se 3 (três) ou mais pessoas, para o fim específico de cometer crimes:
>
> Pena - reclusão, de 1 (um) a 3 (três) anos.
>
> Parágrafo único. A pena aumenta-se até a metade se a associação é armada ou se houver a participação de criança ou adolescente.

O crime de associação criminosa, como regra, admite suspensão condicional do processo, por ter pena mínimade 1 ano, salvo quando a associação é armada, ou com participação de criança ou adolescente, por conta da causa de aumento de pena do parágrafo único. Nestes casos admite-se o acordo.

Embora seja um delito autônomo, passível de ocorrer de forma independente, geralmente ele vem acompanhado de um delito principal, aquele para cuja prática a associação foi criada. Se as penas mínimas desses crimes, somadas, não chegar ao limite legal de 4 anos, será possível o acordo.

Por exemplo, a associação de 3 ou mais pessoas para cometerem estelionatos, junto com o estelionato praticado, é suscetível de uma pena mínima inferior a 4 anos. Já a associação criminosa combinada com o delito de moeda falsa terá pena igual ou superior.

Há outro ponto importante. A associação criminosa pode caracterizar conduta criminal habitual, reiterada ou profissional, mesmo que os envolvidos não sejam reincidentes, o que constitui impedimento para realização de acordo (art. 28-A, § 2º, II). É importante analisar o caso concreto para descobrir se a associação foi recentemente constituída, sem a prática anterior de qualquer crime, ou se a associação é antiga e executou outros delitos, o que faz incidir a vedação legal.

O cometimento de algum crime hediondo pela associação levará a uma pena mínima superior a 4 anos. A associação para a prática de crime hediondo tem mínima de 3 anos de reclusão (lei n. 8.072/90); só admite acordo se vier separada de qualquer crime, algo raro.

5.13 Organização criminosa

Lei n. 12.850/2013:

Art. 1º (*Omissis*).

§ 1º Considera-se organização criminosa a associação de 4 (quatro) ou mais pessoas estruturalmente ordenada e caracterizada pela divisão de tarefas, ainda que informalmente, com objetivo de obter, direta ou indiretamente, vantagem de qualquer natureza, mediante a prática de infrações penais cujas penas máximas sejam superiores a 4 (quatro) anos, ou que sejam de caráter transnacional.

Art. 2º Promover, constituir, financiar ou integrar, pessoalmente ou por interposta pessoa, organização criminosa:

Pena - reclusão, de 3 (três) a 8 (oito) anos, e multa, sem prejuízo das penas correspondentes às demais infrações penais praticadas.

§ 1º Nas mesmas penas incorre quem impede ou, de qualquer forma, embaraça a investigação de infração penal que envolva organização criminosa.

§ 2º As penas aumentam-se até a metade se na atuação da organização criminosa houver emprego de arma de fogo.

§ 3º A pena é agravada para quem exerce o comando, individual ou coletivo, da organização criminosa, ainda que não pratique pessoalmente atos de execução.

§ 4º A pena é aumentada de 1/6 (um sexto) a 2/3 (dois terços):

I - se há participação de criança ou adolescente;

II - se há concurso de funcionário público, valendo-se a organização criminosa dessa condição para a prática de infração penal;

III - se o produto ou proveito da infração penal destinar-se, no todo ou em parte, ao exterior;

IV - se a organização criminosa mantém conexão com outras organizações criminosas independentes;

V - se as circunstâncias do fato evidenciarem a transnacionalidade da organização.

Embora o crime de organização criminosa na sua modalidade simples, sem causas de aumento de pena, possua pena mínima de 3 anos de reclusão, entendemos incabível o acordo para este delito, ainda que venha desacompanhado de qualquer outro.

Isso porque uma organização criminosa pressupõe permanência, estabilidade, divisão de tarefas, um grupo de pessoas estruturalmente ordenado para cometer crimes. Essas características indicam profissionalismo, conduta criminal profissional, o que obsta a celebração do acordo, nos termos do art. 28-A, § 2º, II, do CPP. Comumente as organizações criminosas são constituídas por criminosos experientes, ao menos em parte, que coordenam a atividade dos demais.

Todavia, quem impede ou, de qualquer forma, embaraça a investigação de organização criminosa, sem integrar essa organização, se não cometeu outro delito, pode fazer o acordo, vez que estará sujeito a uma pena mínima de 3 anos de reclusão (art. 2º, § 1º).

5.14 Lavagem de dinheiro

Lei n. 9.613/98:

Art. 1º Ocultar ou dissimular a natureza, origem, localização, disposição, movimentação ou propriedade de bens, direitos ou valores provenientes, direta ou indiretamente, de infração penal.
Pena: reclusão, de 3 (três) a 10 (dez) anos, e multa.

§ 1º Incorre na mesma pena quem, para ocultar ou dissimular a utilização de bens, direitos ou valores provenientes de infração penal:

I - os converte em ativos lícitos;

II - os adquire, recebe, troca, negocia, dá ou recebe em garantia, guarda, tem em depósito, movimenta ou transfere;

III - importa ou exporta bens com valores não correspondentes aos verdadeiros.

§ 2º Incorre, ainda, na mesma pena quem:

I - utiliza, na atividade econômica ou financeira, bens, direitos ou valores provenientes de infração penal;

II - participa de grupo, associação ou escritório tendo conhecimento de que sua atividade principal ou secundária é dirigida à prática de crimes previstos nesta Lei.

§ 3º A tentativa é punida nos termos do parágrafo único do art. 14 do Código Penal.

§ 4º A pena será aumentada de um a dois terços, se os crimes definidos nesta Lei forem cometidos de forma reiterada ou por intermédio de organização criminosa.

§ 5º A pena poderá ser reduzida de um a dois terços e ser cumprida em regime aberto ou semiaberto, facultando-se ao juiz deixar de aplicá-la ou substituí-la, a qualquer tempo, por pena restritiva de direitos, se o autor, coautor ou partícipe colaborar espontaneamente com as autoridades, prestando esclarecimentos que conduzam à apuração das infrações penais, à identificação dos autores, coautores e partícipes, ou à localização dos bens, direitos ou valores objeto do crime.

Ocorre o crime de lavagem de dinheiro, ou branqueamento, quando alguém oculta ou dissimula a natureza, a origem, a localização, a disposição, a movimentação, a propriedade de bens, direitos ou valores provenientes de crime ou contravenção, para assegurar o seu proveito. Por ter pena mínima de 3 anos de reclusão, é cabível o acordo.

O branqueamento é crime autônomo, não precisa da condenação pelo crime antecedente, daí porque pode ser objeto de um processo exclusivo. Se vier associado com outro crime, as penas mínimas deverão ser somadas, tornando-se inviável se chegarem a 4 anos.

É natural que nos delitos contra o patrimônio o agente busque ocultar a origem ilícita do proveito que obteve. É preciso uma vontade específica de ocultar ou dissimular, senão todos os crimes que geram proveito econômico levariam a um concurso material com a lavagem de dinheiro.

A prática do branqueamento, por si só, não significa conduta criminosa habitual, reiterada ou profissional. É necessário analisar o caso concreto. Se houver reiteração ou envolvimento de organização criminosa, isso constituirá causa de aumento de pena, eliminando a possibilidade de acordo (art. 1º, § 4º).

## 5.15 Falso testemunho

> Art. 342. Fazer afirmação falsa, ou negar ou calar a verdade como testemunha, perito, contador, tradutor ou intérprete em processo judicial, ou administrativo, inquérito policial, ou em juízo arbitral:
>
> Pena - reclusão, de 2 (dois) a 4 (quatro) anos, e multa.
>
> § 1º As penas aumentam-se de um sexto a um terço, se o crime é praticado mediante suborno ou se cometido com o fim de obter prova destinada a produzir efeito em processo penal, ou em processo civil em que for parte entidade da administração pública direta ou indireta.
>
> § 2º O fato deixa de ser punível se, antes da sentença no processo em que ocorreu o ilícito, o agente se retrata ou declara a verdade

O crime de falso testemunho tem pena mínima de 2 anos, não é cometido mediante violência ou grave ameaça, permitindo a celebração do acordo. Mesmo com a causa de aumento de pena prevista no § 1º, do art. 342 do CP, a pena mínima continuará inferior a 4 anos.

É interessante observar que no crime de coação no curso do processo (art. 344 do CP), embora tenha pena mínima de 1 ano, não é permitido o acordo, vez que é realizado mediante violência ou grave ameaça, restando a suspensão condicional do processo.

Há uma particularidade no crime de falso testemunho que possui reflexos no acordo. Segundo o § 2º do art. 342, o fato deixa de ser punível se, antes da sentença no processo no qual ocorreu o ilícito, o agente se retrata ou declara a verdade.

Sabe-se que um dos dos requisitos do acordo de não persecução penal é o agente confessar a prática do delito formal e circunstancialmente (exigência que consideramos desnecessária, como explicamos alhures). Se a confissão se der após a sentença de primeiro grau, não será mais possível a causa de exclusão da punibilidade prevista no § 2º do art. 342, podendo ser celebrado perfeitamente o acordo.

Mas, se o agente confessa o crime, com o objetivo de fazer o acordo, antes da sentença em que ocorreu o ilícito, o próprio crime de falso testemunho pode ficar prejudicado. Como a confissão realizada no acordo pode influir na sentença de primeiro grau, recomenda-se que o juiz do processo seja informado, em especial quando se tratar de ação penal ou ação civil de interesse público. A confissão realizada em sede de acordo deve ser comunicada ao juiz da causa, se o processo ainda estiver em curso, para as providências cabíveis.

Conforme a jurisprudência, a retratação deve ocorrer antes da sentença e no processo no qual a afirmação inverídica foi feita[49]. Se a confissão for feita apenas no acordo não extinguirá a punibilidade do crime.

Assim, diante da confissão da prática de um crime de falso testemunho durante a negociação do acordo, o órgão do Ministério Público, se o processo em que ocorreu o ilícito ainda não terminou, deve orientar o investigado a apresentar retratação em juízo. Nesse caso, o crime deixará de ser punível e o acordo não será necessário.

## 5.16 Tráfico de drogas

> Art. 33. Importar, exportar, remeter, preparar, produzir, fabricar, adquirir, vender, expor à venda, oferecer, ter em depósito, transportar, trazer consigo, guardar, prescrever, ministrar, entregar a consumo ou fornecer drogas, ainda que gratuitamente, sem autorização ou em desacordo com determinação legal ou regulamentar:
>
> Pena - reclusão de 5 (cinco) a 15 (quinze) anos e pagamento de 500 (quinhentos) a 1.500 (mil e quinhentos) dias-multa.
>
> (...)
>
> § 4º Nos delitos definidos no caput e no § 1º deste artigo, as penas poderão ser reduzidas de um sexto a dois terços, desde que o agente seja

---

[49] STJ, RHC 33350, Quinta Turma, Min. Jorge Mussi, DJe 14-10-2013.

primário, de bons antecedentes, não se dedique às atividades criminosas nem integre organização criminosa.

A lei não repetiu o impedimento de realizar acordo de não persecução penal em relação aos crimes hediondos, que constava na resolução n. 181/2017 do CNMP. Contudo, como os crimes hediondos possuem penas mínimas iguais ou superiores a 4 anos, em regra será inviável o acordo.

Mas há exceções. Deve-se lembrar do delito previsto no art. 33, § 4º, da lei n. 11.343/2006, tráfico de drogas praticado por pequeno traficante eventual, que não faz do crime seu meio de vida.

Aplicando-se a causa de diminuição de pena prevista no art. 33, § 4º, da lei n. 11.343/2006, será possível a celebração do acordo mesmo se tratando de crime equiparado a hediondo.

# 6. ACORDO DE NÃO PERSECUÇÃO CIVIL

## 6.1 Previsão legal

A lei 13.964/2019 deu nova redação ao § 1º do art. 17 da lei n. 8.429/92, lei de improbidade, passando a admitir o chamado acordo de não persecução cível:

> Art. 17. A ação principal, que terá o rito ordinário, será proposta pelo Ministério Público ou pela pessoa jurídica interessada, dentro de trinta dias da efetivação da medida cautelar.
>
> § 1º As ações de que trata este artigo admitem a celebração de acordo de não persecução cível, nos termos desta Lei.

Antes dessa alteração era vedado transacionar, fazer acordo ou conciliar nas ações de improbidade administrativa. A partir de agora é possível realizar um termo de ajustamento de conduta antes do processo ou celebrar um acordo durante o trâmite de uma ação de improbidade.

A lei n. 13.964/2019 acrescentou o § 10-A no art. 17 da lei de improbidade, de modo a admitir a interrupção do prazo de contestação, por até 90 dias, a fim de que as partes deliberem a respeito de uma solução consensual do feito: "§ 10-A. Havendo a possibilidade de solução consensual, poderão as partes requerer ao juiz a interrupção do prazo para a contestação, por prazo não superior a 90 (noventa) dias".

Esse dispositivo legal deixa clara a possibilidade de realizar o acordo após o início da ação. O prazo de contestação começa a correr após a decisão que recebe a petição inicial da ação de improbidade. Dessa forma, após o recebimento da inicial, as partes podem celebrar um acordo e evitar o julgamento do processo.

## 6.2 Facultatividade

Diante da falta de regulamentação do procedimento do acordo de não persecução civil, é ampla a discricionariedade do Ministério Público, ou outro legitimado para ingressar com a ação de improbidade, para celebrar ou não o pacto.

O responsável pelo ato de improbidade não tem direito subjetivo à celebração do acordo. Mas a discricionariedade do membro do Ministério Público tem limites, estabelecidos pela equidade, que proíbe a inclusão de cláusulas abusivas.

O acordo é indicado em casos menos graves, nos quais provavelmente o juiz não aplicaria as penas de suspensão de direitos políticos e perda do cargo público, mas somente a reparação do dano, multa ou proibição de contratar com o poder público.

É preciso analisar os antecedentes do requerido, a fim de saber se o acordo é uma medida suficiente para o caso.

Como não há previsão legal, não é preciso que o responsável confesse a prática do ato de improbidade. Será perfeitamente possível celebrar o acordo sem uma declaração formal de culpa.

A sentença que homologa o acordo de não persecução civil não tem natureza de decisão condenatória nem os efeitos típicos desta, não servindo para tornar o acusado inelegível, por exemplo.

6.3 Sanções

Uma vez que foi retirada da lei de improbidade a proibição de realizar transação ou acordo, o processo pode ser encerrado através de acordo homologado pelo juiz. Todavia, o acordo só pode versar sobre direitos disponíveis, razão pela qual não deve abranger os direitos políticos, dentre os quais se encontra o direito de exercer cargo público.

Os direitos políticos são indisponíveis, portanto, não podem ser objeto de transação. Ademais, sua suspensão requer decisão judicial tomada em ação condenatória, conforme o art. 15, incisos III e V da CF:

Art. 15. É vedada a cassação de direitos políticos, cuja perda ou suspensão só se dará nos casos de:

(...)

III - condenação criminal transitada em julgado, enquanto durarem seus efeitos;

(...)

V - improbidade administrativa, nos termos do art. 37, § 4º.

A própria lei de improbidade condiciona a execução das penas de suspensão de direitos políticos e perda do cargo ao trânsito em julgado da sentença condenatória, conforme consta no art. 20 da lei n. 8.429/92: "Art. 20. A perda da função pública e a suspensão dos direitos políticos só se efetivam com o trânsito em julgado da sentença condenatória".

A impossibilidade de transação quanto aos direitos políticos é confirmada pelo art. 841 do Código Civil, *in verbis*:

Art. 841. Só quanto a direitos patrimoniais de caráter privado se permite a transação.

Os direitos políticos não têm natureza patrimonial. São direitos fundamentais indisponíveis ligados à personalidade humana. Não podem ser objeto de renúncia voluntária, ainda que eventualmente não exercidos pelo titular. Além disso, os direitos políticos pertencem ao direito público, mais especificamente ao direito eleitoral. Tratam-se de direitos indisponíveis que não admitem transação. A cláusula de um acordo de não persecução civil que preveja renúncia de direitos políticos será nula de pleno direito.

Assim, não cabe no acordo impor à pessoa física a pena de suspensão de direitos políticos. Essa penalidade depende de decisão judicial condenatória, não meramente homologatória. Da mesma forma, é incabível no acordo a condição de perda do cargo público.

Admitem-se as penas de multa e proibição de contratar com o poder público. O réu pode abrir mão do direito de contratar com o poder público, por determinado prazo, aceitando voluntariamente tal sanção. O direito de contratar com o poder público é disponível.

Se a conduta ímproba praticada pelo agente recomendar que ele sofra as punições de suspensão dos direitos políticos e/ou perda de cargo público, a ação de improbidade precisará ser proposta e julgada.

6.4 Cabimento

Não foi apresentada nenhuma condição legal, nenhum requisito para o cabimento do acordo de não persecução cível. Ante a falta de critérios legais, compete ao intérprete definir quando não será cabível o acordo no âmbito cível.

Sabe-se que vários atos de improbidade previstos na lei n. 8.429/92 constituem crimes previstos no Código Penal e em leis penais extravagantes. Assim, um primeiro critério a ser usado é verificar se o ato de improbidade praticado pelo agente público igualmente constitui crime, e se em relação a esse crime cabe acordo de não persecução penal, cujos principais requisitos são não ter sido o crime praticado mediante violência ou grave ameaça e possuir pena mínima inferior a 4 anos. Se não couber acordo penal é porque o fato é por demais grave e não recomenda um acordo civil.

Esse critério, porém, é insuficiente, porque a grande maioria dos crimes praticados por servidor público contra a administração pública admite acordo penal.

A punição penal sempre vem em último lugar e deve ficar restrita aos fatos realmente sérios. Mas a punição cível pode ter adequada, mesmo quando o autor celebra um acordo penal. É perfeitamente possível realizar um pacto de não propositura de ação penal e propor, pelo mesmo fato, uma ação de improbidade contra o autor, buscando as sanções previstas na lei n. 8.429/92.

Assim, é preciso esclarecer quais seriam as situações nas quais o autor do ilícito, indiscutivelmente, deve receber as penas previstas na lei improbidade.

Um critério que pode ser usado é a previsão constante na lei complementar n. 64/90. Segundo o art. 1º, inciso I, letra "l", da LC 64/90:

Art. 1º São inelegíveis:

I - para qualquer cargo:

(...)

l) os que forem condenados à suspensão dos direitos políticos, em decisão transitada em julgado ou proferida por órgão judicial colegiado, por ato doloso de improbidade administrativa que importe lesão ao patrimônio público e enriquecimento ilícito, desde a condenação ou o trânsito em julgado até o transcurso do prazo de 8 (oito) anos após o cumprimento da pena;

A lei das inelegibilidades considera a condenação por ato de improbidade com pena de suspensão dos direitos públicos, por ato doloso que acarretou lesão ao patrimônio público e enriquecimento ilícito, um fato tão grave que torna o seu autor inelegível por 8 anos.

Os atos de improbidade que causam lesão ao patrimônio público estão previstos no art. 10, *caput* e incisos I a XXI, e no art. 10-A, da lei n. 8.429/92. Os que importam em enriquecimento ilícito, no art. 9º, *caput* e incisos I a XII.

Desse modo, quem pratica dolosamente um ato de improbidade que causa prejuízo ao patrimônio público ou importa em enriquecimento ilícito, precisa ser processado para ter seus direitos políticos suspensos e ficar impedido de concorrer nas eleições.

Ficariam livres dessa restrição atos cometidos com reduzido grau de culpabilidade e envolvendo pequenos valores. Além deles, atos de improbidade que causam prejuízo ao patrimônio público, praticados culposamente, e atos de improbidade que atentam contra os princípios da administração pública (art. 11 da lei n. 8.429/92), pois não levam à inelegibilidade de seu autor.

Em suma, caberá acordo de não persecução civil para os atos de improbidade que acarretam prejuízo ao patrimônio público, desde que culposos, ou que atentam contra os princípios da administração pública. Por outro lado, mostra-se incabível celebrar acordo civil com autores de atos de improbidade que importem em enriquecimento ilícito e dano ao erário, quando realizados dolosamente, salvo se insignificantes as condutas.

6.5 Procedimento

O acordo de não persecução civil é formalizado através de termo de ajustamento de conduta. Deve ser avaliada a gravidade do ato e o interesse público na sua realização.

O art. 17-A, que disciplinava o rito do acordo de não persecução civil, foi vetado pelo Presidente da República, de modo que o procedimento para a realização do acordo ficou completamente em aberto.

A lei de improbidade disciplina o rito da ação até a abertura do prazo de contestação. Após o recebimento da inicial, o réu é citado para oferecer contestação (art. 17, § 9º). No rito da ação de improbidade não existe a audiência prévia de conciliação prevista no rito comum da ação ordinária regulada pelo CPC.

Assim, após o recebimento da inicial, o Ministério Público poderá apresentar proposta de acordo para encerrar a ação. Podem constar na proposta, como obrigações do agente público:

a) compromisso de cessar as condutas ilícitas e corrigir a ilegalidade cometida;

b) pagamento de valor relativo à reparação de danos;

c) pagamento de multa;

d) proibição de contratar com o Poder Público;

e) revelação de fatos desconhecidos à investigação, bem como fornecer elementos concretos que possam servir de prova contra outros envolvidos.

De sua parte, o Ministério Público, ou outro legitimado, assumirá o compromisso de: a) não propor qualquer ação de natureza cível sancionatória (ações de improbidade administrativa), pelos fatos ou condutas objeto do acordo; b) requerer a suspensão de ações que já tiverem sido propostas ou a prolação de decisão de improcedência da ação.

Não poderá constar do acordo a suspensão dos direitos políticos do réu ou a perda de cargo público.

Havendo possibilidade de conciliação, o juiz designará audiência especial a fim de analisar e homologar a proposta. Homologado o acordo, o juiz extinguirá o processo com julgamento de mérito, na forma do art. 487, III, "b", do CPC. Embora seja possível homologar o acordo independentemente de audiência, recomenda-se sua realização, por aplicação analógica do art. 28-A, § 4º, do CPP.

Se o membro do Ministério Público se recusar a oferecer proposta de acordo, cabe remessa dos autos aos órgãos superiores da instituição. Diante da falta de previsão legal, entendemos ser aplicável, por analogia, o § 14 do art. 28-A do CPP, a fim de que os autos sejam remetidos ao órgão superior do Ministério Público, que manterá a decisão de não oferecer o acordo ou indicará outro membro para apresentá-lo.

Da sentença que homologa o acordo cabe ação anulatória, conforme o art. 966, § 4º, do CPC. Entendemos possível realizar o acordo de não persecução civil até o momento da sentença. O STJ, entretanto, no AREsp n. 1.314.581, 1ª Turma, julgado em 23-02-21, declarou ser possível celebrar o acordo na fase recursal.

Acordos celebrados em juízo ou antes da propositura da ação precisam ser homologados pelo órgão superior da instituição, pois implicam em arquivamento indireto, na forma do art. 9º, § 3º, da lei n. 7.347/85.[50]

---

50 Art. 9º Se o órgão do Ministério Público, esgotadas todas as diligências, se convencer da inexistência de fundamento para a propositura da ação civil, promoverá arquivamento dos autos do inquérito civil ou das peças informativas, fazendo-o fundamentadamente.

§ 1º Os autos do inquérito civil ou das peças de informação arquivadas serão remetidos, sob pena de se incorrer em falta grave, no prazo de 3 (três) dias, ao Conselho Superior do Ministério Público.

§ 2º Até que, em sessão do Conselho Superior do Ministério Público, seja homologada ou rejeitada a promoção de arquivamento, poderão as associações legitimadas apresentar razões escritas ou documentos, que serão juntados aos

## 6.6 Acordos penal e civil

É admissível realizar ao mesmo tempo, num só instrumento contratual, acordos de não persecução penal e civil, quando membro do Ministério Público possuir competência plena, ou seja, puder transacionar a respeito dos crimes praticados e atos de improbidade cometidos.

Contudo, as cláusulas devem ser específicas para cada tipo de acordo. A simples celebração do acordo penal não implicará renúncia à ação de improbidade. Será necessário estabelecer sanções próprias aos ilícitos civis cometidos, não sendo suficientes as previstas no art. 28-A do CPP.

Se os acordos penal e civil forem formalizados num só instrumento, uma cópia será juntada aos autos de inquérito policial, ou procedimento de investigação criminal, e outra no inquérito civil.

O autor de um ato de corrupção pode fazer um acordo penal e responder por ato de improbidade, a fim de que tenha seus direitos políticos suspensos e ficar inelegível. Mas o membro do Ministério Público pode entender que, após o acordo penal, não é mais necessário propor ação de improbidade, promovendo o arquivamento do inquérito civil respectivo. Se o agente público, por exemplo, foi demitido após o processo administrativo disciplinar, estará inelegível, conforme a lei das inelegibilidades (art. 1º, inciso I, letra "o", da LC n. 64/90), sendo a ação de improbidade desnecessária. A reparação do dano terá ocorrido no acordo penal, e eventual multa que seria aplicada na ação improbidade pode ser imposta na forma de prestação pecuniária no acordo civil.

---

autos do inquérito ou anexados às peças de informação.

§ 3º A promoção de arquivamento será submetida a exame e deliberação do Conselho Superior do Ministério Público, conforme dispuser o seu Regimento.

# 7. BIBLIOGRAFIA

CASTRO, Ana Lara Camargo de. *Plea bargain*: resolução penal pactuada nos Estados Unidos. Belo Horizonte: Editora D'Plácido, 2019.

DONIZETTI, Elpídio. QUINTELLA, Felipe. *Curso didático de direito civil*. São Paulo: Atlas, 2012.

FERRAJOLI, Luigi. *Derecho y razón*: teoría del garantismo penal. 8. ed. Madrid: Trotta, 2006

GLOECKNER, Ricardo Jacobsen (Org.). *Plea bargaining*. São Paulo: Tirant lo Blanch, 2019.

GRUPO NACIONAL DE COORDENADORES DO CENTRO DE APOIO CRIMINAL (GNCCRIM). Enunciados interpretativos da lei anticrime. Disponível em:<https://www.cnpg.org.brimages/arquivos/gndh/documentos/enunciados/GNCCRIM_Enunciados.pdf>. Acesso em 07/05/2020. Acesso: 07/05/2020).

MELO, João Ozorio de. Funcionamento, vantagens e desvantagens do *plea bargain* nos EUA. Revista Consultor Jurídico, 15-01-2019. Disponível em<https://www.conjur.com.br/2019-jan-15/funcionamento-vantagens-desvantagens-plea-bargain-eua>. Acesso em 07/05/2020.

PAULSEN, Leandro. *Crimes federais*. 2. ed. São Paulo: Saraiva, 2018.

PROUDHON, Pierre-Joseph. *Do princípio federativo*. Trad. Francisco Trindade. São Paulo: Nu-Sol: Imaginário, 2001.

SUPREME COURT OF THE UNITED STATES. *Federal rules of criminal procedure*. Disponível em:<https://www.uscourts.gov/sites/default/files/federal_rules/FRCrP12.1.2014.pdf>. Acesso: 21/04/2020.

TARTUCE, Flávio. *Manual de direito civil*. 3. ed. rev., atual. e ampl. São Paulo: Método, 2013.

UNITED STATES DEPARTMENT OF JUSTICE. *Principles of federal prossecution*. Disponível em:<https://www.justice.gov/jm/jm-9-27000-principles-federal-prosecution#927.400>. Acesso: 21/04/2020

www.ingramcontent.com/pod-product-compliance
Lightning Source LLC
Chambersburg PA
CBHW050005230526
45465CB00003BB/1271